発達心理学のこころを学ぶ

心理学入門〈対話篇〉

田丸敏高 著

福村出版

はじめに

通常、入門書では学問体系に即して、発見された事実や法則、知見や理論が描かれています。心理学でいえば、第1章は心理学の歴史や方法論、第2章は感覚と知覚、第3章は記憶等々というように展開されます。発達心理学でいえば、第1章は現代の子ども、第2章は乳児期、第3章は幼児期等々というように展開されます。そうした良書は数多く出版されています。

すでに心理学の研究や教育に携わっている人にとって、そうした入門書はわかりやすいし、学んできた知識の確認にもなります。しかし、これから心理学を学ぼうとする学生や教育や保育の実践のために発達を知りたいと考える人にとっては、知識体系をそのまま示されても取っつきにくいものです。読みやすいようにと、ページ数を減らしてエッセンスを絞れば絞るほど、意味がわからず記憶にも残りにくくなります。

そこで、本書では思い切った試みをしてみました。もちろん、心理学や発達心理学のエッセンスは盛り込まれています。しかし、描かれているのは、学問体系ではありません。本書には、2人の人物が登場します。1人は大学生（しずくさん）、もう1人は大学教授（山戸先生）で、この2人が研究室を舞台に対話を始めます。話題は、日常的な事柄から科学論に至るまで、四方八方に飛び交います。対話を描くことで、日常生活にかかわりながら、心理学の発想や発達理論の起源をたどることができたのではないでしょうか。

はるか昔私が高校生だった頃、プラトンが書いたソクラテスの対話篇を次々に読みふけったことがあります。知識とは何か、正義とは何か等々テーマはさまざまですが、ソクラテスともう1人の登場人物の対話が延々と続いていきます。解答に行き着くことはありませんが、考えることの楽しさに浸ることができました。

心理学を志してから、気がついてみたら、私自身が対話法を用いて子どもの認識発達について研究するようになっていました。それも、対話を通じて子どもの心のなかにある何かを明らかにするというのではなく、対話過程そのものを研究しようとしてきました。対話過程そのものが子どもの思考の現れであると考えたからです。

対話という形式の本は、私にとって初めての挑戦です。書いていて楽しかった本書が、読んでみて楽しかったといわれることを切に願っています。

目次

イラスト／田辺 友恵

第1章　「と」の話——発達心理学とは何か——

大学2年生のしずくさんは、山戸先生が担当している「発達心理学」を受講しています。講義も終わりに近づいた頃、ただでさえ話が難しい山戸先生の試験が心配になり、しずくさんは学生代表として試験問題を探りに研究室にやってきます。そんな学生の心配をよそに、先生は「と」について話し始めます。「と」が心理学とどのような関係にあるのか、しずくさんには話の行き着く先がわかりません。ただ一方的に聴かされる講義とは違う雰囲気なので、しずくさんは次第に大胆に質問や意見を言い始めます。

しずくさん（以下：学生）　先生の部屋って、本がいっぱいですね。こんなに本に囲まれて息苦しくないですか？

山戸先生（以下：先生）　息苦しいどころか、本に囲まれていると幸せな気分になります。あなたは何に囲まれていると幸せですか？

学生　私は、どちらかというと美味しいものです。それで、今日はですね、先生の講義が結構難しいので、試験も迫っていることだし、何か役に立ついい本はないかなと思って、やって来ました。

先生　それは、あなたが自主的に聞きに来たということですか？
学生　もちろん、そうですが……。
先生　それともジャンケンに負けて、「みんなの代表で聞いてこい」ということになったとか？
学生　それは違います。ジャンケンではなくて、くじ引きです。
先生　くじに当たったわけですね？
学生　いや、それだけではなく、研究室というところを見てみたい気持ちもありました。今お仕事中ですか？
先生　発達心理学の講義録を整理しなおしているところです。この講義を始めて30年になりました。
学生　そんなに長い間、飽きることなく、繰り返してきたのですか？　講義はずっと同じ内容ですか？
先生　私の講義では、標準的な内容と同時に、今考えていること、考えてほしいことを伝えようとしています。ただ私は、目の前の人に左右されやすいので、受講者によって変化させています。あるときはある部分を丁寧に話したり、別なときは反対にその部分を省略したりしてきました。

学生　それでは、受講年度によって内容が違って不平等じゃないですか？

先生　学生のみなさんは講義の内容をノートにとることもできるし、本を紹介しておけば、あとで不足分を補うこともできるので、平等性は保てると思っています。

学生　今どき、わざわざ本など読みませんよ。学生だってサークルもバイトもありますし、結構忙しいのです。もっとも試験があれば一応勉強しますが。

先生　だから、大学では本を読んでもらうために授業終了後に試験をしています。ただ試験のためだけに本を読むというは少しさみしいですね。

学生　先生は、講演することもあるのですか？　みなさん眠くならないのですか？　いや、話がつまらないというのではなく、声が優しいので、つい……。

先生　確かに、講演を聴きに来る人は普段から頑張って働いている方たちなので、眠気を我慢するのは辛いでしょう。そのためにも途中で意識が途切れても、その部分を補える本が必要かなと思います。

学生　でも、難しい本を読んでいたら、また眠くなりますよ。

先生　追求が厳しいですね。実は、私の話についてよく言われる感想が2つあります。

学生　1つはすぐわかりました。「難しい」でしょう。

先生　その通りです。よくわかりますね。

学生　そんなの簡単です。

先生　でも、それは仕方のない面もあります。「心」は直接観察できるものではありません。それを観察したり理解したりするためには方法が必要ですが、その際「概念装置」が重要な役割を果たします。たとえば、ワロン（Wallon, H., 1879 ~ 1962）[1]の「対による思考」は子どもの考え方を分析する装置です。

学生　急に話が難しくなってきました。それについてはあとで伺うとして、もう1つの感想は何でしょう?

先生　「面白い」という感想なのですよ。

学生　へぇ、それは意外です。ただ言われてみれば、思いあたる節がないでもないです。

先生　何ですか、それは?

学生　「発達と教育」という講義の初回で、講義題目を板書したあと、先生が私たちに質問しました。「発達と教育」の「と」はどういう意味でしょうかって。そんなこと考えたことがなかったので、びっくりしました。

先生　心理学は「と」の世界なので、ごく当たり前のことを問いかけたつもりでしたが。

学生　そんなの当たり前じゃないです。一般的に「発達と教育」だったら、「発達」や「教育」に関する説明があるって予想します。

先生　それでは、「と」はどこに行ったのですか。

学生　「と」はつなぎのようなもので、最後につながるというか、関係するというか……。

先生　いま、あなたは関係ということばを使いました。関係こそ心理現象の本質ではありませんか？

学生　そんなこと突然言われてもよくわかりません。

先生　そうです。そのわからないということが大事で、わからないところが面白いのではないでしょうか。

学生　それも私には唐突です。私は小学生のときからわからないと自信がなくなり、テストでできないとさらに落ち込んできました。わからないのは辛いことです。

先生　それも一理ありますね。

学生　それが普通です。

先生　しかし、わかるためには、最初わからないというときが必要です。何事も最初からわかるなんていうことはありません。わからないからこそわかるようになるのです。心理学には「洞察」という用語がありますが、これは突然見え方が変わり解決するようなわかり方を指します。反対に「試行錯誤」を繰り返しながら少しずつわかってくることもあります(2)。その辺りは人間以外の動物にも類似の過程があるのですが、人間の子どもはもっと複雑で紆余曲折《うよきょくせつ》をともなうわかり方が特徴です。

学生　言われてみれば、わかるためにはわからないときが必要というのは少し納得できます。でも、わからないときは親があきれた顔をするので、こちらも辛くなります。学校の先生だって、すぐわかる子どもの方が好きなのではないですか？　どうやって、わからない時間を楽しめばいいのですか？

先生　おそらく「楽しむ」ということにもいろいろな水準があると思います。好きな音楽を聴いて「楽しむ」というのも1つですが、苦しみをともなう「楽しむ」もあります。将棋を指すときは、相手の指し手の意味をわかろうとして必死に考えます。野球の打者は、相手投手の配球を読んでわかろうとし、ねらいを絞って打ちにいきます。研究者も、仮説をどのようにして実証したらよいかわからなくて悩むし、むしろ仮説をどのように立てたらよいかわからなくて苦しみます。いずれにしても、「苦しむ」と「楽しむ」とが同居しています。

学生　勉強もそうだと言いたいのでしょう。何だかわかったような、わからないような、煙に巻かれた感じですが、話が「と」に戻って来ました。今度は「苦しむ」と「楽しむ」ですね。

先生　単に「楽しむ」だけの楽しさなんて底が浅いものです。「苦しむ」をともなうからこそ、心底「楽しむ」ことができるわけです。だから、心理学は「と」の世界だと。

学生　それで講義の初回はずっと「と」の話だったのですね。それならそうと最初からきちんと説明してくれればいいのに。なぜ「と」の話を先にするのか説明がなくて、いきなり「と」の話ばかりだったので、そんなことを考えている先生の頭は一体どうなっているのだろうって。

先生　変人だと思いましたか？

学生　変人とまではいきませんが、少し普通じゃないというか、変わっているというか……。

先生　いや、私はごく平凡で、目立つこともない人間です。動きに乏しいので、すぐ明かりが消えてしまいます。

学生　節電のために、廊下や室内でも動きがないと、センサーが人がいないと判断して電気が消えることを言っているんですか？　廊下で立ち話をしていても動きのある人の場合は消えないですよね。

先生　そうです。センサーも察知しないほど目立たない人間です。

学生　でも、心理学の講義の初回が「と」だけというのはあんまりです。

先生　実は、「始め」というのが何かわからないのです。私がこれこそ始めだと信じていても、みなさんはそれを始めだと思っていません。講義というコミュニケーションの過程で、みなさんの始めと私の始めとの違いに気づき、両者が始めを探す旅が始まるのです。

学生　今度は「始め」ですか？「始め」もキーワードなのですか？

先生　「始め」を言い換えると「起源」です。ダーウィンの『種の起源』と同じ「起源」です。起源を明らかにすることが発達という方法の特徴です。

学生　発達というのは方法なのですか？　児童心理学が児童を対象にした心理学であるように、発達心理学は発達という生涯の過程を対象にした心理学だと思っていました。

先生　もちろん、そういう考え方も誤りでないのですが、平板ではありませんか？　やはり、起源を探るのが発達心理学だと考えた方が面白い。

学生　また、わからなくなりました。ただ、まったく苦しくありません。だって、先生の説明が唐突でわかりにくいだけですから。責任はすべてそちらにあるわけですから、私のせいではないので……。とりあえず起源を探るというのはどのような方法なのか、「始め」から説明してください。

先生　その「始め」が難しいのですが、とりあえず頑張ってみます。科学には方法が必要です。その数多《あまた》の方法のなかで、もっとも単純な方法が「比較」で、それは比べて違いを明らかにするということです。私とあなたを比較してみてください。何が違いますか？

学生　それは、違いだらけです。まず年齢が全然違います。着ているものも違います。私は先生のようにダサくありません。

先生　それは評価が入るので「比較」を越えているように思いますが。

学生　だいたい私は授業料を払っているのに、先生は同じようなことをしているときも給料をもらっていて不公平です。

先生　だんだん話が逸れていくようですが。まあ、いずれにしても違いを指摘することは簡単です。では、あなたは一体何者ですか？

学生　突然何者かなどと言われても、何て答えていいか……。まず、大学生です。

先生　他には？

学生　20歳です。

先生　他には？

学生　サークルはバスケで……。こんなことずっと答えていくのですか？

先生　あなたと私を比較するときにはいくらでも答えが出そうだったのに、あなたは何者かという問いになると途中で詰まってしまう。

学生　何者かなんて言われたので、すぐには思いつかなかっただけで、まだ頑張れます。

先生　では、他には？

学生　親から離れて一人暮らしをして、アルバイトもしていて、多少は料理もつくれるし……。

先生　大事なことを忘れていますよ。

学生　何でしたっけ？

先生　「一応心理学を学んでいます」でしょう。つまり、「とは何か」と1つのことだけを考えるのは難しく、２つのことを比較するのは容易く、比較の基準も示しやすいということです。
学生　それで、科学も比較から始まったというわけですか？
先生　そうです。心理学も人間（大人）のことだけを考えようとすると、袋小路に入ってしまいがちです。人間と動物の比較、古代人と現代人の比較、大人と子どもの比較、健常と障害の比較等々から明らかになってくることはたくさんあります。比較心理学というのが発達心理学の始まりです。
学生　比較を通じて、人間とは何か、子どもとは何かを明らかにしようというわけですか？　それで、「起源」はどこにいったのですか？
先生　先ほど、大人と子どもの比較ということを述べました。大人はかつて子どもであったし、子ども時代を経ずに大人になることはできないので、その意味では、大人の起源は子どもです。子どももさらに詳細に時期区分すると、胎児期、乳児期、幼児期、児童期、思春期・青年期となります。したがって、逆にたどると、大人の起源は乳児期、胎児期ということになります。
学生　そうすると、起源をたどるということは、時期区分を明らかにするということですか？　つまり、発達段階を明らかにするという。

先生　そう考えたときもありました。

学生　考えたときもあったということは、今はそう考えていないということですね。

先生　いや、そうとも言えないのです……。

学生　煮え切らないですね。この際、はっきりさせましょう。

先生　発達段階というのはとても大切な概念で、子どもの思考や言語、運動や知覚といった諸機能を理解するときには不可欠なのです。つまり、それぞれの個別機能がそれ自体孤立したまま向上していくというわけではなく、当該の発達段階において、あるまとまりをもって機能連関していることなので、発達段階を無視すると子どもを理解できなくなってしまいます。だから、発達段階を明らかにするということは、これからも追究すべきテーマではあるのです。

学生　なるほど。

先生　何だか攻守交代してしまったような……。

学生　先生、どうぞ続けてください。

先生　『子どもの思考の起源』という書物に出会いました。ワロンが書いた本で、彼は『子どもの性格の起源』という本も書いています。ワロンは発達という方法を駆使し、種々の比較を行い、発達段階によって子どもの特徴を明らかにしていきました。その人が「起源」ということばを公然と用いていることに惹かれました。

学生　それで？

先生　『子どもの思考の起源』で述べられていることは、発達段階をたどるだけでは、子どもの思考の特徴を明らかにすることはできないということです。「言語」や「経験」や「教育」が思考の起源を構成し、ある発達段階で「対による思考」が誕生し、それが多様な過程を経て、やがて「カテゴリー的思考」へと発達していくと。これはとても重要な指摘です。子ども（人間）を過去に閉じ込めて理解するのではなく、開かれた系として理解するという主張で、心理学を心理学のなかに閉じ込めるのではなく、自然科学や社会科学に開かれた学問として再生させる方向性を示しています。

学生　「起源」という用語から、そうした夢のような話が展開したのですね。

先生　この書物と出会い、心理学の面白さを知ったわけです。しかし、この書物はかなり難解で、何回読んでも難解で。

学生　ダジャレですか？

先生　読書会を開いては挑戦し、挫折も味わいました。言わば苦労の連続でした。

学生　それで、結局その本を理解できたのですか。

先生　本を理解するには２つの方法があります。１つはそこに書かれていることを丁寧に読みほぐしていくことです。この本はフランス語で書かれているので、フランス語が得意な人は、こうした方法で理解を進めるでしょう。もう1つは実際にやってみることです。ワロンは多様な子どもと対話し、そのデータをもとに議論しているので、目の前の子どもに対してワロンと同じような質問をしてみることです。私はこちらの方法で、子ども理解を進めようとしました。その結果、多少なりともワロンの主張がわかってきたつもりです。

学生　スマホを理解するには解説書を読むより、実際に使ってみるのがよいということですか？　お気持ち、わかります。

先生　あなたのスマホの例を聞くと、30年間の苦労を一瞬で超えられてしまったような気持ちがしてきます。

学生　さすが、私は察しがいいということですね。

注

（1）ワロンについて翻訳書が多数出版されているが、解説書として次の著書が優れている。
加藤義信　アンリ・ワロン――その生涯と発達思想　福村出版　2015

（2）この点についてはは次の著書でわかりやすく解説されている。
広重佳治　心理学入門――キーワードで読むこころのモデル　福村出版　2011

第2章　文学と科学

「大学のテキストはどうして退屈なのか」という疑問とともに研究室に現れたしずくさん。雑誌を眺めるのは好きなのですが、難しい本を読むのは苦手です。山戸先生なら本を読まなくてもいいように発達心理学の解説をしてくれるのではないかと期待します。しかし、先生は「発達心理学よりも児童文学の方が何倍も子どものことを理解している」と言い出します。しずくさんは何とか話を心理学に戻して、科学と技術、知識と情報の違いについて質問することに。

学生　大学のテキストって、たいてい退屈なんですよ。どうしてですか?

先生　じゃあ、どんな本なら退屈しないんですか?

学生　雑誌ですかね。

先生　雑誌って、「発達心理学研究」とか「心理科学」とかのことですか?

学生　それって何ですか? ひょっとして学会誌のこと? そんなもの絶対読みません。

先生　そんなに断言しなくても。

学生　雑誌というのは、ファッションとか旅行とかグルメとか、写真が載っていて楽しい書物のことをいいます。ただ値段が高いので買って読むということはあまりありません。

先生　高いのは苦手ですか？　だったら青空文庫って知っていますか？　小説など古典を無料でダウンロードできる優れものです。芥川龍之介や直木三十五など有名な作家の作品が揃っています。

学生　でも、それって昔の人ですよね。せっかく読むんだったら、今の芥川賞や直木賞の人の本を読みたいです。タダにしてください。

先生　昔の人だから無料なのです。著作権法では死後50年間著作権が継続します。今の作家はそれを生業《なりわい》としているわけなので、みなさんがお金を払って、作家は印税を得て生活できるわけです。

学生　そうしたら先生も印税生活ですか？　うらやましい。というか、ずるいですよ。講義のテキストとかいって学生に買わせて、儲けているなんて。

先生　私が儲けているように見えますか？　そういえば今日の昼食はコンビニおにぎり１個しか食べていなかった。昨日はコンビニサンドイッチだったけれど。

学生　そんなことより実際どうなんですか？　儲けているんですか、いないんですか？

先生　私のような無名の研究者が書いた本などわずかしか売れません。小説の世界では、ミリオンセラーなんて話も聞きますが、１００万部なんて気の遠くなる話で、年間１０００冊、いや５００冊売れたら御の字です。

学生 それでも、1冊１００円もらえれば１０００冊で10万円になるじゃないですか？

先生 こんなときは計算が得意になるのですね。普段は「統計が苦手で」とか言っているくせに……。

学生 お金の話は別です。

先生 それでは、分散分析もｔ検定もお金を勘定していると思えば、理解が早いかもしれませんね。

学生 そうですよ。これからはお金を題材に教えてください。私たちも勉強する気になります。

先生 皮肉で言ったつもりなのに……。話を戻すと、本1冊出版するのにいくらかかると思いますか？ 10万円では出版できませんよ。だいたい本1冊書くためにどれだけの労力と時間がかかるか、想像してみてください。

学生 何となくですが、出版費用って１００万円くらいかかるのですか？

先生 それ以上だと思いますよ。最近は本が売れなくなり出版社も大変なようです。ある程度売れる見込みがなければ出版に踏み切ることができません。専門書も教科書として毎年売れる見込みがあるということで出版しますが、ある程度売れるまで印税など入ってきません。むしろ、もち出しの方が多いくらいです。

学生　かわいそうですね。アルバイトでお金が余分に入ったときは、先生の本を買ってあげますよ。私が研究室で食べているお菓子代くらいにはなるかも。

先生　到底及びません。

学生　お菓子の話はなかったことにして、本の話に戻してもいいですか？

先生　本題は本代ではなく本の中身の話ということで。

学生　またダジャレですか？

先生　正直なところ私も心理学の本より、小説の方が好きなんです。人間についての観察眼も作家の方が鋭いし、表現力も豊かだし、読んでいて眠くならない。

学生　先生も心理学の本を読んでいると眠くなるんですか？　私と同じですね。

先生　あなたは1ページも読まないうちに眠っているでしょう。私は1章くらいは頑張って読みます。

学生　そういうのを50歩100歩って言うんじゃないですか？

先生　とほほ（と歩歩）。

学生　それもダジャレですか？

先生　話を進めましょう。子どもについても同様で、発達心理学より児童文学の方が何倍も子どものことを理解していると思います。

学生　なのに、どうして発達心理学にこだわるのですか？　先生には文学的な才能がないからですか？

先生　その通りかもしれませんが……。やはり、科学を育てたいというのが偽りのない気持ちです。物理学や化学など自然科学の急速な発展に比べて、心理学はまだ科学への発展途上です。クーン（Kuhn, T.S., 1922 ~ 1996）によれば、心理学は共通のパラダイムが定まっていないので通常科学に到達していないということになります。[1]科学が人類の福祉に持続的に貢献できるようになるためには、自然科学だけでなく社会科学や人文科学を充実させる必要があります。

学生　心理学はその要だと。

先生　その通りです。

学生　先生は子どもにインタビューして面白がっているだけだと思っていましたが、結構大事なことを考えているのですね。

先生　見直しましたか？　専門も大事なのですが、科学や学問の全体があってはじめて専門が成り立ちます。発達心理学の部分的な知識だけで満足しているようでは、発達心理学を専門にしているとは言えません。

学生　文学と科学との違いは何ですか？　面白いか面白くないかですか？

先生　そこにはないでしょう。

学生　想像の産物か、事実に基づくかということですか？

先生　当たらずとも遠からずと言いたいところですが、科学も想像力がないと新しい仮説を生み出せないし、文学もリアリティがないと白けてしまいます。

学生　それでは一体どこに違いがあるのですか？　人間観察眼は小説家の方が鋭いんじゃないのですか？

先生　違いは、技術だと思います。科学は技術に支えられ発展し、科学は技術を生み出すことで人類の福祉に貢献できるのです。たとえば、知能の心理学は知能検査(2)という技術を生み、そのことで障害の早期発見などに役立ちます。

学生　でも、技術は戦争の道具もつくりました。原爆が人類の福祉に役立つなんて考えられません。

先生　そうですね。技術は科学と結びついているだけでなく、産業や利益とも結びついています。一部の利益のために多くを犠牲にしかねないという点も見逃せません。

学生　心理学もそうなんですか？　人類を不幸にすることもあるのですか？

先生　知能検査が民族的偏見を助長するために使われたこともあります。残念ながら、心理学が差別や憎しみを生み出すことがないとも言えません。ただ他方で、「子どもの権利」を認めていくためには発達心理学は不可欠の研究分野だと思います。子どもにとって、本当に必要な環境や教育について明らかにしていく必要があります。

学生　知識と情報の違いは何ですか？

先生　これはまた唐突に。

学生　先生の思考法が移ったのかもしれません。部分と全体の話でつながっているのかなって思ったもので。

先生　確かに断片的な知識という言い方もあるのですが、知識は全体に支えられて知識と言えます。その点、断片だけでも機能する情報とは違います。

学生　ということは、私たちが習得すべきは知識だということになりますね。

先生　「わかっていることが断片に過ぎない」「解明されているのはほんの一部で未解明なことがたくさん残っている」という謙虚さが知識だと思います。

学生　ということは、いつも謙虚な私は知識人ということですね。

注

（1）パラダイムは、科学の方法論にかかわる概念で、問題の立て方、問題を解決するための方法、結果の示し方などから成る。物理学が成熟した科学とすれば、心理学は途上にある科学といえる。以下の書に詳しい。
クーン・T・S　中山茂訳　科学革命の構造　みすず書房　１９７１
（２）知能検査は、ビネーとシモンによって開発された「知能の年齢別測定尺度」（１９０８）に始まり、後に発達診断の道具として洗練されていく。詳しくは、以下の著書に記されている。
ビネー・A　&シモン・T　中野善達・大沢正子訳　知能の発達と評価――知能検査の誕生　福村出版　１９８２
ビネーとシモンの知能測定尺度（１９０８年版）は、田丸が表にして左記の著書に示しているが、次のページに掲げておく。
田丸敏高・田丸尚美　発達診断の心理学――子どもに明日が見える瞬間　京都・法政出版　１９８８

表1　知能の年齢別測定尺度（1908）

3歳	・目、耳、口の指示 ・絵のなかの事物の列挙 ・２数字の反唱	・文章の反唱（６音節分） ・家の名（姓）を言う
4歳	・自分の性別を言う ・見慣れた事物の名を言う	・３数字の反唱 ・２本の直線の比較
5歳	・２つのおもりの比較 ・正方形の模写 ・文章の反唱	・４つの硬貨の数え方 ・２片によるはめ絵遊び
6歳	・「右の手」と「左の目」＊ ・同時になされた３つの命令の実行	・２つの顔の美の比較 ・自分の年齢を言う
7歳	・絵の欠けている部分の指摘 ・手指（10本）を言う ・手本の文の模写 ・三角形と菱形の模写	・５数字の反唱 ・絵の内容の叙述 ・13の硬貨の数え方 ・４種の通貨の名称
8歳	・２つの記憶のための読み方 ・書き取り ・９スウの計算（１スウ３個と２スウ３個で） ・記憶から２つの事物の差異をあげる	・20から０まで逆に数える ・４つの色の名
9歳	・６つの記憶のための読み方 ・１週間の曜日の名 ・５つの重さならべ ・年月日を完全に言う（年号、月、日、曜日）	・用途以上の定義 ・20スウでの釣り銭
10歳	・１年間の月の名 ・９種の通貨の名称 ・３語を２つの文章に用いる	・了解問題（その１）――３問 ・了解問題（その２）――５問
11歳	・不合理な文章の批判 ・３語を１つの文章に用いる ・３分間に60語以上あげる	・抽象語の定義 ・語順を正す
12歳	・７数字の反唱 ・韻合わせ ・文章の反唱（26音節文）	・絵の内容の解釈 ・記事に関する問題
13歳	・切り抜き問題 ・三角形の置換	・抽象語の差違＊

ビネー＆シモン（1982）に＊を加えた

第3章　子どもの心と台風の目

しずくさんは、授業の合間の時間に山戸先生を訪ねることにします。「唐突な話」にもだいぶ慣れ、質問するタイミングやコツをわかりかけてきたしずくさん。今回は山戸先生からいきなり「台風の目と子どもの心が似ていないか」と問いかけられ、心や意識の本質について考える羽目になります。心とは何か、意識とは何か、次々と難問が繰り出されますが、負けず嫌いのしずくさんは、たじろぐことなく山戸先生に立ち向かっていきます。

学生　明日、台風が近づいてくるそうです。

先生　どんな様子ですか？

学生　かなり大型で、大雨や暴風に注意するようにって、聞きました。

先生　台風の目に入ったことがありますか？

学生　先生はあるのですか？

先生　子どもの頃ありました。それまでの豪雨が消え、吹き荒れていた風も止み、真上には青空が見えるんです。台風の目のなかに入ると、あまりの静けさに驚いてしまいます。これが本当に台風なのだろうかと。

学生　不思議ですね。周りは大変なのに、なかに入ると穏やかだなんて。

先生　子どもの心と似ていませんか？

学生　また、唐突な話ですか？

先生　19世紀の心理学者たちは、意識を直接観察して研究しようとしました。学生を被験者として自らの意識を内省させ、意識の有り様を探ろうとしました。

学生　それでうまくいったのですか？

先生　うまくいったかと問われれば、それなりに。意識を分析し、意識を構成している要素を抽出したということです。

学生　それって意識を細かくしただけじゃないですか？

先生　まったくその通りです。そもそも意識など生まれたり消えたり変化するもので、物のように取り出すことはできないはずです。

学生　被験者が学生ならば、先生の言うことを信じて、取り出してくれるかもしれないけれど。

先生　あなたたちを見ていると、意識が安定しているなんて到底思えません。講義中にウトウトしているわけだから、意識も途切れ途切れでしょう。

学生　とくに、先生の講義は、意識が途切れ途切れというよりも、途切れっぱなしって感じです。それはそれで気持ちのいい時間ですが。

先生　別にそんなところで気を遣ってくれなくても結構です。ただ考えようによっては、意識は発生と消滅とを繰り返しているのが本来の姿でしょう。

学生　意識を途切れないようにするには、かなり集中して努力して、無理をして……。

先生　また、私の講義を思い浮かべているのでしょう。

学生　先生は意識が続くのですか？　ずっと難しい問題を考えているのですか？

先生　私など意識どころか記憶さえ途切れ途切れです。これはあまり人に言えない話ですが、講義中に寝てしまったことがあるのです。それも立ったままで。何かを話していた途中、もちろん短時間ですが、眠ってしまい、どこまで話をしていたかわからなくなってしまいました。

学生　それでどうしたのですか？

先生　学生に悟られないように、一応話の途中で考えていたことにしようとしました。そして、前の席の学生にそれとなく「ここはすでに話しましたか」と聞いてみました。

学生　学生に笑われたのではないですか？

先生　その学生もあわてて目を覚まし、「まだです」と答えました。

学生　その講義って学生が２００人くらいですよね。他の学生は気づいたかもしれませんよ。

先生　それが誰１人気づかなかったようで。つまり、みんな寝てしまったというのが真相です。

学生　催眠術みたいですね、先生の講義は。ご自分にもかけられる催眠術師はこの世でただ１人でしょう。

先生　褒め方がうまくなりましたね。

学生　いや、褒めているつもりは毛頭ありません。もう少し面白く話す努力をして、学生の負担を軽くしてほしいです。

先生　何だか雲行きが怪しくなってきたので、台風に話を戻します。台風を内側から観察しても台風の様相がわからないのと同様に、心も内側から調べても何もわからないということです。

学生　そう言われると、台風と心とは似ている気がします。

先生　「変化と関係」ということを聞いたことがありますか？

学生　また、唐突な話ですか？

先生　私はワロン（Wallon, H.）の本のなかで知ったのですが、哲学ではよく言われていることのようです。つまり、万物は変化と関係のなかで存在していると。

学生　台風もじっとしていないし、心も変わりやすいというわけですね。

先生　しかも、変化は内側から勝手に起こるのではなく、周りとの関係によって起こるということです。台風も海上にあるときと上陸したあとでは変化します。

学生　わかりました。台風の目のなかにいて観察しても台風の大きさや進路がわからないように、心も内側から意識だけを観察しても何もわからないということですね。

先生　察しがよくなりました。

学生　もともと察しはいいつもりですけれど。

先生　そうでした。つまり、心も変化と関係のなかで理解しなければいけません。とくに、子どもの心は変化しやすいので、大人を理解するためにも子どもの研究が必要です。子どもを研究することで、起源をたどることが可能になります。

学生　1つ質問があります。心の変化は何となくわかりましたが、心の関係とは何ですか？

先生　まず、変化ですが、意識が芽生えたり途絶えたりというのは短時間で生じる「ミクロな発達」です。それに対して、年齢により認識や人格が変化するのは発達段階に応じてみられる「マクロな発達」です。私が変化というときは、だいたいこの2つの発達を念頭に置いています。関係は、少し説明が入ります。心理現象は脳を座として生じますが、脳だけで閉じられたものではありません。からだと環境と他人という3つの関係のなかで発達していきます。ただ、この関係は平板なものではなく、歴史や社会が絡んできます。

学生　また難しくなってきました。私の質問は1つなのに、先生の答えは一体いくつあるのでしょう。

先生　私はあなたの質問に答えているだけではありません。私自身にも答えているのです。あなたの質問に触発されて、私のなかからも質問が現れて、それにも答えようとしているので、話が丁寧になるのです。

学生　ご自分には答えが丁寧になる、私相手にはいい加減でも。ということですか？

先生　まっ、そういうこと……、ではなく、誰にも丁寧で誠実に、ということです。

学生　先生、目が踊っていますよ。

先生　忙しくて目が回っているのです。

学生　うまくかわされたようですが、許してあげます。条件として、ゼミのレポートを免除するということで。

先生　図に乗り過ぎです。あっ、図にすれば少しわかりやすくなりますね。これでどうでしょう？（図１）

学生　変化と関係がイメージしやすくなりました。少し説明してください。

先生　心は一体どこにあるのでしょうか？　現代の人の多くは、「脳」と答えます。しかし、人間が心の座としての「脳」を発見するに至るまで何百年何千年もの時

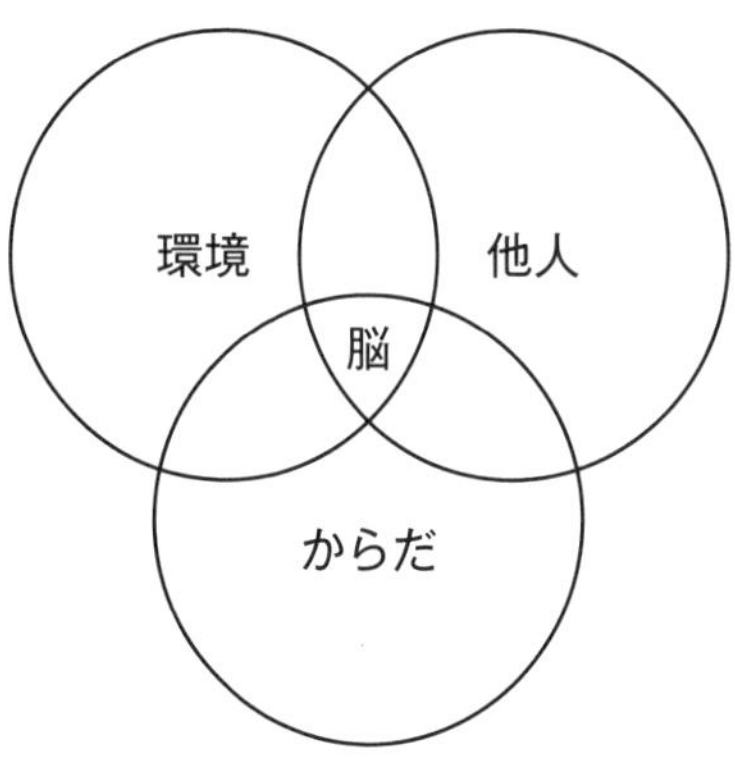

図１　心の在処《ありか》

間がかかりました。時実利彦（1909～1973）は、名著『目でみる脳』のなかで、日本語の「心」ということばは、禽獣の内臓を指す「こる」を語源とし、それが人間の内臓、転じて人間の心となったと述べています。[1]

さらに、「おぼろげな記録としては、エジプト王朝時代（約6000年前）の心臓説や、バビロン王国時代（約4000年前）の肝臓説が残っている」と言います。また、中世はアリストテレスの影響で「心臓説」が根強かったのですが、1796年、ガル（Gall, F.J., 1758～1828）の骨相学以来、心の座としての脳の研究が進み、1861年、ブローカ（Broca, P.P., 1824～1880）が失語症の研究で左の大脳皮質に言語中枢のあることを発見し、その後、脳の機能の局在が次第に明らかになっていったと説明しています。

こうして、心の座が脳であることが広く認められるようになり、心理現象が「霊魂」などによって解釈されるのではなく、脳神経系の機能として説明されるようになりました。そして、さまざまな心理的問題や発達障害の基礎に脳神経系の機能障害を見出すことになりました。

学生　心の座が脳であるということは、一応認めます。

先生　いまや、心の座が脳であることは疑いえない事実となっています。しかし、同時に、ここで気をつけなければならないことは、脳が心の座であるとしても、脳の存在だけで心理現象を説明することはできないということです。単に心の座としての脳を指摘しただけでは不十分です。

　それは、ちょうど魚の呼吸機能の説明において鰓《えら》の存在だけを指摘して済まそうとするのと同じ不十分さです。鰓の機能は、魚の棲息《せいそく》環境である水の存在抜きには考えられません。肺の機能が大気の存在抜きには考えられないのもまた同じです。心の働きを理解するには、人間の脳がどのような関係のなかで機能するのか押さえておかなければなりません。

学生　それで、先ほどの図が出てくるわけですね。

先生　私は、人間の脳活動には3つの関係が必要であると考えています。これらの関係が、子どもの発達の要因でもあります。

学生　話が本格的になってきましたが、頭が満杯で破裂しそうなので、ここで一休みしましょう。忘れないうちに、ついでに台風の目と子どもの心も図で示してもらえませんか？

先生　こちらはあまり自信がないので、やめておきます。

学生　そう言えば、先生は図示が好きじゃないようですね。何か図示に恨みでもあるのですか？　呪われているとか。

先生　そう、昔、子どもの頃に逗子《ずし》の海で電気クラゲに刺され、溺《おぼ》れかけたことがあります。

学生　図示と逗子。また、ダジャレですか？

先生　図示の呪いというのは、人をわかった気にさせてしまうところにあります。それだけならまだしも、怖いのは大切なことを隠してしまうことにあります。

学生　逗子の海に電気クラゲが隠れているように、図示には真実が隠されているということですね。

先生　これは座布団2枚差し上げないと。

学生　私はダジャレの呪いのほうが怖くなってきました。

注

（1）脳の話については、以下の文献より引用しました。
時実利彦　目でみる脳――その構造と機能　東京大学出版会　1969

第4章　変化と関係

前回しずくさんは山戸先生の話に乗り過ぎて、あやうく次の講義に遅刻しそうになりました。しかし、「変化と関係」の話はずっと気になっています。先生の大好物の羊羹《ようかん》をちらつかせながら、続きの話を引き出そうとします。山戸先生は、からだと環境と社会という3つの関係を保ちながら、変化し続ける心について語り始めます。「人類は依存し合い、協力し合うことによって生き延びてきた」という話に、「1人でできるようになることが発達だ」と思ってきたしずくさんは少し安心します。

学生　前回は、頭がいっぱいになり、先生の話を遮ってしまいましたが、本当は話し足りなかったのではありませんか？

先生　別に無理して聞いてもらわなくても構いません。どうせ私の話など何の役にも立たないし、面白くもないし、あなた方も忙しいことでしょうし……。

学生　拗《す》ねているのですか？

先生　拗ねているわけではありません。学問が正統な扱いを受けなくなっていることが残念なのです。

学生　まさか世を儚《はかな》んでいるのではないでしょうね？　世の中いいこともありますよ。今日あたり誰かがお土産に羊羹をもってくるかもしれません。

先生　本当ですか？　それなら話を続けましょう。

学生　約束はできませんが……。ひょっとすると、ということで。

先生　羊羹を信じて。第1の条件は、からだです。脳はからだの一部として存在し、その機能もからだの状態に依存しています。たとえば、脳が機能するためには脳は賦活《ふかつ》状態になければなりませんが、それはからだの内的な物質代謝《ぶっしつたいしゃ》の過程から皮質に届くインパルスによって維持されています。

学生　待ってください。何の第1条件でしたっけ？　それから、賦活状態とかインパルスとかの意味もよくわからないので……。

先生　また、唐突な話になってしまい、申し訳ありません。羊羹と言われたものでいきなりエンジン全開状態になってしまったようです。この前、台風とのアナロジーで、心も関係において存在していることについて話しました。心の座は脳であるけれども、脳があるだけでは働かないこと、脳はからだや環境、他人（社会）があってはじめて働くということを図示しました。

学生　ああ、あの図示（37ページ参照）ですね。それで、第1の条件がからだということですね。思い出してきました。

先生　賦活というのは、要するに活性化していることで、インパルスは、神経細胞の軸索を伝わる活動電位のことです。

学生　一応わかったことにして、次に進んでください。

先生　からだの状態と脳の働きとは密接に関連しているということを言いたいわけです。

学生　それならわかります。満腹のときは機嫌がいいし、眠くなると不機嫌になります。

先生　あなたはとくにからだと脳とが密接に関係しているようです。普通、大人になると、もう少しコントロールが効いて、多少空腹でも授業に身が入るものです。あなたは空腹でも集中力がなくなるし、満腹でもすぐ眠くなってくるようですね。一体いつなら大丈夫なのですか？

学生　先生も羊羹と聞いて急に頑張り始めたではないですか？　授業のご褒美にケーキでも出してくれるなら、私ももっと頑張れます。

先生　ご褒美がないと私の授業は聴くに堪《た》えないということですか？

学生　そういうわけではありませんが、やはり楽しみがあると頑張れるということで、たまには、そういうサプライズもありかなということです。次に行きましょう。

先生　からだの問題に起因する心の変化は、子どもが年少なほど起こっています。ぐずって反抗的な態度を見せていたら翌日高熱が出たとか、イライラして口汚いことばを吐いていたのがおにぎりを食べた途端に穏やかになったとか、こういうことは子どもには日常茶飯事です。それがわからず大人は思わず叱ってしまうのです。大人はどうも心の問題を心だけで理解しようとする傾向があるので、からだの大切さを見逃してしまいがちです。

学生　そうですよ。私たちの授業態度もよくご理解いただけるのではないでしょうか？

先生　あなた方はもう子どもではありません。学生は大人としての責任を果たしてください。他人が働いてくれているからこそ、あなた方は大学生活を送ることができるのです。

学生　その点は、親にも感謝しています。

先生　そういうことを言いたいわけではないのですが、話を元に戻しましょう。脳が機能するための第２の条件は、環境です。脳神経系からするとからだも環境の一種（内的環境）ですが、ここでいう環境はからだの外に存在する環境（外的環境）を指しています。大人はこの２つの環境を区別することができます。

しかし、風邪を引いて熱のあるときなどは内外の区別が危うくなり、入り交じった印象だけを受けることがあります。おそらく、子どもは生まれてしばらくの間、内的環境と外的環境との区別のない印象の世界に生きていて、その後、区別が可能になり外的環境を知覚し、外的環境に適応していくことができるようになるのだと思います。

学生　外と内との区別って、言われてみると不思議ですね。成長するといろいろなことがわかるようになるのですね。

先生　環境があってはじめて脳が正常に機能することをよく表しているのが「感覚遮断《かんかくしゃだん》」の実験です。人を真っ暗で何も見えず、音もしない部屋に入れて、ベッドに横たわらせておきます。すると、しばらくして眠くなってきますが、やがて幻覚が生じ脳は正常に働かなくなります。一時的な感覚遮断は、大人の場合、そこから解放されれば元に戻ります。しかし、子どもが長期的に遮断された環境下に置かれた場合、回復は簡単ではありません。

学生　「狼に育てられた子」の話もそうですよね。歩けないで四つ足で這っていたとか、言葉が話せず吠えていたとか。

先生　動物行動学も含めて、感覚遮断の研究を通じて明らかになったことは、成長過程には年齢によって必要な環境があり、それが閉ざされるとその後獲得することが困難な行動もあるということです。「臨界期」「敏感期」という用語がそれを示しています。

学生　ボウルビィ（Bowlby, J., 1907 ~ 1990）のアタッチメントも似たような話ですよね。

先生　あなたも意外といろいろ勉強しているのですね。

学生　意外は心外です。私は他の先生の授業も熱心に聴いています。

先生　意外と心外、もう少しでダジャレに使えそうですね。

学生　先生も少しは真面目に考えてください。周りの人が働いているから、先生は好きなことをやっていられるのでしょう。

先生　それはその通りで、みなさんに感謝しています。しっかり研究して社会に役立ててください。

学生　感謝すればいいというものではありません。ただし試験は簡単にしてみんなに単位を出してください。学生の教育もちゃんとやって、それが先生の務めです。

先生　また、話が逸れたようですが、外的環境のなかに、人間にとって特別な環境がありま す。それは、「他人」あるいは「社会」と呼ばれている環境です。母子の間の情緒的結びつきにかかわるアタッチメント（愛着）はその1つです。不思議なことに、人間の脳は他人の脳と共同して働くという性質をもっています。赤ん坊は、自分1人では移動することも、食べることもできません。眠りにつくときですら、抱っこしてもらい揺すってもらうことが必要です。そのため、赤ん坊は、最初自分1人で何かできるようになる方向にではなく、他人に依存する方向に発達していきます。

学生　自立ではなく依存の方向なのですね。

先生　私たちは、発達というと1人でできることが増大していくようなイメージをもってしまいがちです。「自己責任」ということばが謳歌《おうか》されている社会では、「個人的な能力を発達させていくことが発達である」という見解が受け入れやすいのです。そして、親たちはわが子が幸せになってほしいがために、子どもにお金をつぎ込み、何とか能力を伸ばそうとします。よその子どもと比較して、わが子の能力の優劣を気にかけています。そうせざるをえない根拠が、私たちの生きている社会に存在しているのは一方の事実ですが、もう一方にはそれとは異なる事実が存在しています。

学生　どんな事実なのですか？

先生　人類は、依存し合い、協力し合うことによって生き延びてきました。原始時代の人類と比べて、現代人の能力――たとえば、走力、視力、記憶力等々――は決して高いものではありません。人類は、不得意なことは得意な人に譲り、個人でできないことは集団で達成し、さらに機械の力も借りて、進歩してきました。だからこそ、他人と一緒にいて心地よく、安心していることのできる社会性の発達も重要なのです。

学生　それはいい話です。私もみんなからいつも元気で明るくてかわいい子と思われているようですが、実は暗いところもあって、周りの人と比べて自分に自信がもてないし、もっと自分で自分を何とかしなきゃと思っていたので、安心しました。

先生　「元気で明るい」までは賛同します。「かわいい」から先の話は、意外でした。

学生　意外とは心外です。ただ、人と話をすることは好きです。たまには難しい話も面白いものですね。

参考文献

数多くの「発達心理学」が公刊されています。参考書としては、左記の本をお薦めします。

心理科学研究会編　小学生の生活とこころの発達　福村出版　２００９
日下正一・加藤義信編　発達の心理学　学術図書出版社　１９９１

第5章　子どもの視点

しずくさんは、A先生の授業で「ピアジェの発達段階論について考察せよ」というレポートを求められました。「山戸先生ならば少しはピアジェ理論について知っているかもしれない」という淡い期待を抱いて、しずくさんは研究室にやってきます。ところが、どういうわけか山戸先生はいつになく素っ気ない。もっともこれくらいで怯むようなしずくさんではありません。ピアジェの保存について説明を引き出します。しかし、話は、人はどうしたら魅力的になれるかという展開になっていきます。

学生　A先生の授業で、「ピアジェ（Piaget, J., 1896～1980）の発達段階論について考察せよ」という課題が出ました。何か良い本ありませんか？

先生　研究室の本を貸してあげるので、自分で勝手に選んでもって行きなさい。

学生　えっ、教えてくれないんですか？　その冷たい態度、何かあったんですか？　残しておいたお菓子を学生に食べられてしまったとか。

先生　当たらずとも遠からず。

学生　冗談のつもりだったのに。

先生　お客様からいただいたケーキが5つありました。ちょうどゼミの学生が4人いたので、一緒に食べようとしていたときに、事務局から電話がかかってきて、少し席を外して研究室に戻ってきたんです。すると学生が1人増えて5人になっていました。美味しいものがあると妙に勘が働くあなたのような学生がいるものです。

学生　そんなところに無実の私をもち出さなくても。で、どうしたんですか？　先生が我慢して苦渋の選択をして譲ってあげたのですか？

先生　研究室に戻って来るなり、いきなり学生たちに言われたんです。先生の分がありませんと……。

学生　潔くジャンケンでもしましょうと言われればよかったのに。

先生　そういうことではありません。ものはケーキですよ。

学生　ケーキの恨みは消えることがない。

先生　分けられるではありませんか。ナイフで分割すれば簡単なことです。

学生　誰かと半分ことということですか？　それは嫌がるでしょう。

先生　6分の1ずつ拠出したっていいです。昔は何でも分けあって食べました。ジュースも分けあい、羊羹も分けあい、飴玉も分けあって食べてきました。そういう発想がこの世の中から消えてしまった。何と嘆かわしい。

学生　ジュースや羊羹を分けあうというのはわかりますが、飴玉なんて割れて粉々になってしまうから、分けあうのは不可能じゃないですか？

先生　あなたはそんな簡単こともわからないのですか？　10秒数えたら交代してなめるのです。

学生　あまり気持ちいい分けあい方ではないような……。でも、大昔の子どもは謙虚で平等を尊重していたんですね。

先生　それがそうでもなかったようで。

学生　どういうことですか？

先生　たとえば、1本のジュースを分けあうとき、形の違うコップに入れるんです。コップに分けた方は最初の選択権がありません。コップにジュースを入れ分けるのは年長者の係りなので、長男である私の担当でした。弟は必ず細くて背の高いコップを選んで満足気でした。羊羹はうまく二等分できなかったときは、私が大きい方をがぶりと一口食べて同じ大きさにしてから選ばせてあげればいいのです。

学生　長男はずるい。

先生　賢いと言ってください。小学校に入学する頃、子どもは保存がわかるようになります。それだけでなく、自分より年少の子は保存を理解していないことに気づきます。

学生　保存って、悪知恵のことですか？

先生　ひょっとして、あなたはまだ保存を知らないのですか？

学生　聞いたことがあるような、ないような。

先生　ピアジェについてレポートを求めた先生は、きっと説明しているはずです。また夢うつつ状態だったのでしょう。

学生　まだケーキの恨みが続いているのですか？　せっかく話を聞く気になっているのですから、教えてください。

先生　滅多にないチャンスのようなので、教えてさしあげます。同型同大《どうけいどうだい》の容器を2つ用意し、それぞれ水面の高さが同じになるように水を入れます。

学生　私はジュースのほうがいいです。

先生　私はビールのほうがいい……。いや、そんなことはどうでもいいのです。子どもに同量の水が入っていることを確認させてから、子どもの目の前で一方の容器の水を太さ（底面積）の異なる別の容器に移し替えます。わかりやすいように図も示しておきますね（図2）。容器AはAのままで、容器BはB'にし、AとB'とを比べてみてください。あなたは、どちらの容器の水が多いと考えますか？

学生　そんなの同じに決まっているじゃないですか？

先生　しかし、６歳前後の子どもは、水面の位置が高くなった細長い容器の方が多いと言うのです。もちろん同じだと言う子どももいるのですが、多くの子どもは細長い容器の水の方が多いと言うのです。さて、ここであなたは何を疑問に思いますか?

学生　なぜ子どもは、水面の高さにつられて間違えるのか、です。

先生　それは大人目線の考え方です。子どもから見れば背が高い方が多いように見えるじゃないですか。だから、子ども目線では、大人はなぜ同じと考えるか、が疑問です。

学生　確かに、子どもにしてみればその通りですね。

先生　ピアジェが優れているのは、子どもの視点から問いを投げかけた点にあります。そして、「同じだ」と答えるためには、「だって、元に戻したら同じになる（可逆性）」という思考が発達することが必要であると考えたのです。

学生　可逆性ということばは難しく感じますが、言いたいことはわかります。実験も簡単そうなので、試してみたくなりました。

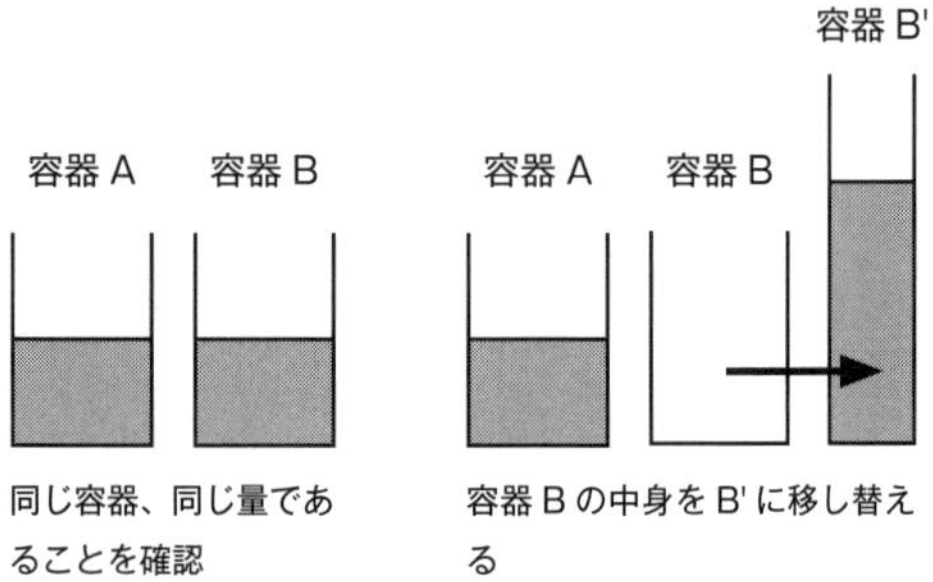

同じ容器、同じ量であることを確認

容器 B の中身を B' に移し替える

図２　ピアジェの保存課題

先生　実際、いろいろな国の研究者が試してみました。そして、同様の結果が得られました。

学生　ピアジェって、いいことを発見したんですね。先生の話を聞くまでは、ピアジェは難しいことを言って学生を苦しめる非道《ひど》い人だと思っていました。

先生　あなたたちからすれば、研究者はみんな非道い人だということになってしまいます。

学生　そうです。最初に難しい理論を言い出した人も非道いけれど、あとからもっと小難しく解説して学生を困らせている人は、もっと非道いです。

先生　でも、非道い人のおかげで、学生は賢くなれるんじゃないですか？　少しは本を読むようになるでしょうし。

学生　あっ、思い出しました。レポートの課題は、保存じゃなくて発達段階論です。私にも楽にわかる解説書を紹介してください。

先生　良い本があるにはあるのです。この本です。

学生　ピアジェ著　中垣啓訳『ピアジェに学ぶ認知発達の科学』(1)ですか？　でも、この本、かなり分厚いです。

先生　読み応えがあります。1年間かけて輪読《りんどく》したくなるような本です。何なら、関心のある人を集めて読書会でも始めましょうか？

学生　先生、私を留年させる気ですか？　レポートの提出期限は2週間後です。

先生　あなたが留年すると困ることがあるのですか？　世界経済が立ち行かなくなるとか？

学生　親が嘆き悲しみ、仕送りが途絶え、私の経済が立ち行かなくなります。その結果、就職も遅れ、結婚も遅れ、わが国の少子化対策にも影響が出ることになります。

先生　春風が吹くと桶屋《おけや》が儲かる、ですか？

学生　春風が吹くと桶屋が儲かるんですか？

先生　落語の噺《はなし》です。

学生　今どき桶屋なんていないし、だから、桶屋が儲かるわけがないか。それって、私の結婚がないってことですか？　非道いです。

先生　落語の意味はまったく違うのですが、その……人は好き好きというか、落ち込んで泣かなくても大丈夫です。

学生　私は泣いてなんかいません。怒っているのです。可憐《かれん》な学生の夢を妨害するなんて。

先生　妨害するつもりなんか毛頭ありません。むしろ応援しているつもりです。研究に勤しむと、考えが深くなり、人間として魅力的になるはずです。

学生　何だか、まただまされたように思えるのですが。でも、魅力的って素敵ですね。

先生　「ゆかし」ということばを習ったことがありますか？

学生　たしか古典で。古語では「知りたい」という意味だったと思います。

先生　現在も「奥床しい《おくゆか》」ということばがあります。その人の性格を表すことばです。つまり、ある人が奥床しい性格だというのは、周りの人がその人のことをもっと知りたいと思うことなのでしょう。言い換えれば、あなたが魅力的であるためには、周囲の人をしてあなたをもっと知りたいという気にさせなければならないということです。

学生　どうしたら相手に私のことを知りたいという気にさせられるのですか？

先生　私はその手のことは専門外なので自信がありません。ただ、言えることが2つだけあります。1つは、自分のことを何でもかんでも話さないことです。少しは神秘の部分を残しておくことです。あなたの好きな食べ物は何ですか？

学生　お寿司に、ラーメンに、焼肉に、チョコレートに、ケーキに……。

先生　そんな風に全部言わないことです。落語で好きなものを訊かれて、2番目に好きな物を答えるという噺があります。すると、この男の一番好きなものは何だろうと、気になるじゃありませんか。実はたいしたものではないんですが、秘密っぽいというのがいいですね。

学生　もう1つは何ですか？　まさか「それは秘密です」なんて言わないでしょうね。そんなこと言ったところで、先生は魅力的にはなれませんよ。

先生　私が魅力的になるにはどうしたらいいのですか？

学生　それは簡単です。優しい期末試験と私たちが喜ぶ評価です。まかり間違っても「不可」

など出さないこと。まして、留年なんてことばは絶対に出さないことです。

先生　わかりましたと言いたいところですが、そうは問屋が卸さない、です。

学生　問屋はどうでもいいのですが。それより、魅力的になるためのもう1つの方法を教えてください。

先生　もう1つは、不断に教養を高め、専門も深め、いくら相手があなたを知りたがっても、あなたのなかにその先をどんどん開発していくことです。

学生　それって、勉強しろということですよね。せめてファッションとかダイエットに負けてもらえませんか？

注

（1）ピアジェ入門として、次の本を薦めます。
ピアジェ・J　中垣啓訳　ピアジェに学ぶ認知発達の科学　北大路書房　2007

第6章　発達の時期区分

B先生から「リンジュウキ」について講義を受けたしずくさん。講義のなかでは山戸先生が「リンジュウキ」の例として取り上げられました。しずくさんは、「リンジュウキとは臨終期のことだ」と思い込んで、山戸先生を心配して研究室を訪れます。山戸先生は、昔からある発達段階論について話し始め、やがてしずくさんが苦手とするダイエットの話にまで及んでいきます。

学生　先生、どこかからだの調子が悪いのですか？

先生　まあ、からだはいつも不調だし、頭もあまり冴えないし、原稿も遅れているし、試験の採点も終わっていないし……。

学生　それだけですか？

先生　いや、まだあるとは思いますが。それより、なぜ急にそんなことを聞くのですか？

学生　この間B先生が講義で「リンジュウキ」について説明されていました。私たちがよくわからない様子だったので、「たとえば、発達心理学のY先生がそれにあたる」とイメージが湧くようにしてくださいました。そのときは納得しましたが、よく考えてみたら先生のこと「臨終期」だなんて失礼ですよね。でも、何か本当にヤバイんですか？

先生 それで、あなたは心配して涙を流し、目が腫れているのですか？

学生 それは昨日寝過ぎたせいで……。人それぞれ運命があると思いますので、先生もそれを素直に受け入れて……。

先生 その先生はご自分のことを何期と言っていましたか？

学生 「カジュウキ」だそうです。30代の先生は年配の先生からいろいろな仕事を押しつけられて、家に帰っても育児が大変そうだし、確かに「過重」だと思います。

先生 なるほど。ところで、その講義で資料が配布されましたか？

学生 それが少し遅刻してしまい、今は手元にありません。そのうち友だちからコピーをもらえる手はずになっています。

先生 何と言ってよいのか、「リンジュウキ」というのは、「臨終期」ではなく、「林住期」のことです。「林棲期《りんせいき》」とも言って、古代インドの代表的な法典「マヌの法典」に出てくる話です。

学生 そう言えば、講義のなかでそんな話がありました。元は昔のインドの話ですよね。やっぱり私の記憶力はたいしたものです。

先生　本当にたいしたものです。少し考えることにも取り組んでみてはいかがですか？

学生　「臨終期」がショックだったもので、あまり考える余裕はありませんでした。

先生　きっと「四住期《しじゅう》」の話です。人生を四分割して、「学生期《がくしょう》」「家住期《かじゅう》」「林住期」「遊行期《ゆぎょう》」と考えます。また、変な想像をするとよくないので、メモを書いておきます。人生が80年間ならば、20年ずつの4期に分割して考えるといえばよいでしょう。

学生　それならば、先生にはまだ人生が残されている、私が卒業するまではもつということですね。安心しました。それに「家住期」も当たらずとも遠からずでした。育児のことを思いついたのですから。自信をもっていいですよね。

先生　「林住期」ということばを巷《ちまた》に広げたのは、作家の五木寛之（1932〜）です。『林住期』(1)という本を書いて、人生の前半は仕事や育児など世のため人のために働いたが、後半は人間らしく、自らの生きがいを求めて生きることができ、輝かしい人生が待っているということを主張し、それが「林住期」だといって、中高年を励ましてくれたのです。

学生　「林住期」の前が「家住期」ということですね。若干字を間違えて、別のイメージをもってしまったようですが、まあ単語だけでも講義でインプットしたのですから、私もたいしたものです。

先生　あなたは、自己肯定感が高い人ですね。

学生 そんなに褒めないでください。
先生 別に褒めているわけではなくて、どちらかというとうらやましい限りです。
学生 うらやましいのは、若さの方ですか、美貌の方ですか？
先生 私がうらやましいのは、あなたの食欲と性格です。
学生 当たらずとも遠からずですね。
先生 どちらかというと、当たりもせず、ひたすら遠いということになるでしょう。
学生 まあ、一応褒めていただいたということで。でも、２０００年以上前の古代インドに、生涯発達が時期区分されていたということは、発達心理学は歴史ある学問だったのですね。
先生 やはり長年生きてみると、その時期時期でいろいろな感慨もあるもので、いつの時代の人もそう感じていたのでしょう。
学生 現代の発達心理学では、生涯発達をどのように区分しているのですか？
先生 胎児期、乳児期、幼児期、児童期、思春期・青年期、壮年期、中年期、老年期といった区分が一般的でしょう。これも表にまとめてみましょう(2)（表２）。
学生 「マヌの法典」の時代より増えたのですね。
先生 やはり多くの事実が積み重ねられてきたので、生涯発達の過程が詳細に表されるようになったのでしょう。

表2　発達の時期区分

1. 胎児期		～出生
(1) 胎芽		最終月経後2週で受精してから8週まで
(2) 胎児	Ⅰ期	9週から（概ね最初の3カ月）：器官の形成
	Ⅱ期	14週から（概ね次の3カ月）：神経系の形成
	Ⅲ期	27週から（概ね誕生までの3カ月）：誕生の準備
2. 乳児期		出生から概ね1歳半
(1) 新生児期		誕生後の1カ月（0～27日）
(2) 乳幼児	前半	臥位の時代
	後半	座位の時代
3. 幼児期		概ね1歳半～6歳
	前半	二足歩行の確立、片言によるコミュニケーション、道具の使用の出現
	後半	反抗期を経て自我の確立、協同遊びの出現、自己コントロール
4. 児童期		概ね6～12歳
	前半	学校への適応（規律や努力）、認識の発達
	後半	「9、10歳の節」を経て論理的な思考の発達、ギャングエイジ
5. 青年期		概ね12～30歳
(1) 思春期		性の目覚めと大人入門
(2) 青年期	前半	職業と結婚の準備
	後半	大人としての社会参加と社会的自立、家族の形成
6. 壮年期		概ね30～45歳
		大人としての成長（社会生活や職業・家族の責任を通じて）
7. 中年期		概ね45～65歳
		中年の危機（「最後」の選択）
8. 老年期		概ね65歳～
		初老の危機（価値観の転換と新たな人生展望）

学生　こうした区分は何を基準にするのですか？

先生　あなたならば、食事で区分できそうですね。ミルクの時期、離乳食の時期、おにぎりの時期というように。

学生　それ面白いですね。だったら、今の私は何でしょうか？

先生　ケーキの時期、あるいは底なしの時期ぐらいでは。

学生　でも、ケーキが好きでない人もいるのではありませんか?

先生　だから、今の時期区分はあなたにしか適用できないことになります。一般化できませんね。

学生　先生は羊羹がお好みのようですから、若いときからずっと羊羹の時期になってしまいます。

先生　そういうことです。したがって、基準はもっと客観的なものに求めなければなりません。最初に考えられたのが年齢です。これは物理的な時間なので、客観的でしょう。実際、知能検査の創始者として有名なビネー（Binet, A., 1857 ~ 1911）や、発達診断法を開発したゲゼル（Gesell, A.L., 1880 ~ 1961）などは年齢を基準にしながら行動発達を明らかにしています。

学生　３歳児とか４歳児とかいうだけでだいたいイメージが湧きます。でも、乳児期はもっと変化が急速ではありませんか?

先生　年齢は物理量なのでいくらでも細かくできます。月や週や日という単位で変化を追うことも可能です。発達心理学を勉強すると、３カ月児と４カ月児の違いを捉えることができます。

学生　そんなことがわかるのですか?

先生　発達検査の仕方を学べば、わかるようになります。

学生　発達心理学って役に立つこともあるのですね。

先生　年齢は優秀な基準なので今でも用いられています。ただし年齢には欠点があるのです。乳児期のように普通の環境で生活する、つまり飲んで食べて運動して眠るという繰り返しのなかで生じる発達過程を記述する際にはよいのですが、幼児期以降では年齢だけでは説明力に欠けるのです。

学生　それはどういう意味ですか？

先生　発達は閉じた系ではなく、開かれた系だということです。

学生　何だか余計わからなくなったようです。

先生　では、体重と比べてみてください。人間の体重は受精卵から成長して誕生以降も増加していきますね。年齢に比例してとまでは言えませんが、年齢とともに増加傾向にあります。

学生　先生の年齢になっても、まだ増え続けるわけですね。

先生　あなたもですよ。

学生　そんなことないです。私は食べたいものも食べずに我慢して維持しています。

先生　しかし、やがて我慢も限界を超え、中年を迎える頃には……。

学生　非道い！

先生　また話が逸れてしまいました。

学生　そうやって乙女心を傷つけておいて、逃げる気ですか？

先生 いや、そういう訳ではなく、体重は1つの尺度で測れる閉じた系ということを言いたかっただけです。それに比べて、心理は多様な関係のなかで複雑な変化をしていきます。姿勢や運動、情動や感情、言語や思考、性格や人格等々、すべてまとめて1つの尺度で測ろうというのは無茶です。

学生 だったら、その心理機能別にそれぞれ尺度をつくったらいいのではないでしょうか？

先生 確かに心理機能別の発達過程は記述され、部分的には尺度化されています。知能検査などその一例です。

学生 私は性格検査を受けたことがあります。

先生 しかし、発達的観点からすると知能検査のような心理検査には大きな問題があるのです。そもそも心理機能は個別的に発達するということはありえません。心理機能は他の心理機能とかかわり合いながら発達します。ヴィゴツキー（Vygotsky, L.S., 1896 ~ 1934）は、「思考と言語[3]」の関係について10年にわたる研究を行い、現代でも通用する業績を残しています。

学生 なんだかややこしいのですね。

先生 現象と本質とは一致しないということです。

学生 また、唐突な話ですか？ 今日はレポート提出日なので、続きは今度聞かせてください。

注

（1）五木寛之　林住期　幻冬舎　２００７
（2）田丸敏高・河崎道夫・浜谷直人編著　子どもの発達と学童保育――子ども理解・遊び・気になる子　福村出版　２０１１
（3）ヴィゴツキー・Ｌ・Ｓ　柴田義松訳　思考と言語（新訳版）　新読書社　２００１
※なお、ヴィゴツキーの原著は１９３４年に発刊されている。

第7章　現象と本質

しずくさんは、先輩から「君は現象と本質が一致している」と言われ、そのことばをどう受け止めたらよいのか思いあぐねています。ちょうど山戸先生の研究室を訪ねる日がやってきたので、話を切り出してみることに。ところが、先生の話は、「燃焼と鉄錆《さび》」から「羊羹と外郎《ういろう》」まで展開し始めます。現象と本質との関係は、心理学にとってもも重要なかかわりがあったようです。

学生　先生、今、私迷っていることがあるのですが。
先生　まさか大学に火を放って試験日を延期しようと企んでいるのではないでしょうね。
学生　えっ、火事になったら試験は延期ですか？
先生　試験は延期ですが、あなたは逮捕されて永遠に試験を受けることができません。そんな危険なことを考える時間があったら、少しは勉強した方がいいですよ。
学生　残念ですが、私はそんなこと考えていません。だいたい逮捕されたら牢屋に入れられて、朝は早くから起こされ、三度のご飯は臭い飯、拷問もあったりして到底耐えられません。

先生　江戸時代ではないので、拷問はないと思いますが……。

学生　いやそういうことではなくて、Ｍ先輩から言われたんです。「君は心理学の要らない人だね」って。

先生　なるほど。それで？

学生　Ｍ先輩は「君は現象と本質が一致しているから」とおっしゃいました。私は褒められたのでしょうか？

先生　それはどういう意味ですかと聞かなかったのですか？

学生　あまりしつこいと失礼になるではありませんか？　それにＭ先輩には私に良い印象をもっていてもらいたいし……。

先生　そういうことですか？　ところで、あなたは燃焼とは何か知っていますか？

学生　また火事の話ですか？　よく知っています。炎が赤々と燃えさかることです。

先生　ろうそくはそれほど燃えさかりませんが、まあいいことにしましょう。それでは燃焼の本質は何ですか？

学生　たぶん昔、理科で習ったような気がします。ただ、この際いい加減な答えをするよりは、年の功ということで解答は先生に譲ります。私もずいぶん謙虚になりました。

先生　あなたが謙虚かどうかについては言いたいこともありますが、話を先に進めるために、私が答えましょう。「酸化」です。燃焼には酸素が必要でしたね。

学生 だから、瓶《びん》のなかのろうそくは、蓋をして酸素が入らないと火は消えてしまいました。

先生 では、鉄錆の本質は何でしょうか?

学生 錆って、金属の色が変わって、鉄が茶色くなることですか?

先生 そうです。それで実は、錆も酸化なのです。燃焼も酸化、錆も酸化ということです。

学生 燃焼は熱いし、錆は冷たいし、色も違うし、美しさも違うのに、どちらも酸化なのですね。

先生 そういう事柄を指して、現象は異なるが、本質は同じだというのです。どちらも酸化という本質の現れなのです。そして、異なる現象の間に同一の本質を見出したり、似通った現象の間に異なる本質を見出したりすることが科学の役割なのです。

学生 そういう話ならば科学って面白いですね。ケーキと羊羹とはまったく異なっているのに、甘くて美味しいという本質は一致しているというわけですね。

先生 羊羹と外郎とは姿形は似ていても、まったく成分の異なるお菓子だということです。

学生 外形と本当の姿とは異なるというのは大切なことですね。先生も美人には気をつけてください。

先生 余談ですが、老化も酸化によるという説もあります。酸化はいろいろな作用にかかわっているようです。

学生　酸素を吸い過ぎると老化が早まるのですか？　だったら呼吸回数を減らさないと。

先生　呼吸よりもお菓子の食べ過ぎに注意した方がいいかもしれません。話が少し科学からは逸れてしまいましたが……。

学生　それに元の話は科学のことではありません。

先生　でも、心理学は科学の一分科です。自然科学と社会科学とを統合する夢をもった、夢のある科学です。

学生　そんなことではなくて、もっと大事なことでした。

先生　心理学より大事なことって何でしたっけ？

学生　私のことです。私には心理学が要らないとか、現象と本質が一致しているとか言われて、喜んでいいのかという大事なことです。

先生　あなたは好きなケーキを選んでいいと言われたらどうしますか？

学生　それは真剣に迷います。そして、人に取られないうちに好みのケーキを素早くゲットします。

先生　ゲットできたときはどうなりますか？

学生　幸せな表情に満面の笑みでしょうね。

先生　そのときの気持ちは？

学生　嬉しくて嬉しくて、想像しただけで飛び跳ねてしまいそうです。

先生　もうよだれが出ているのではありませんか？

学生　えっ、気づきました？

先生　つまり、心の内が、表情や行動にすぐ現れるということです。

学生　確かに、そのようなタイプです。

先生　したがって、本質と現象が一致しているということです。心理学などという面倒くさいものがなくても、あなたの心理は理解されるということです。世の中の人が皆あなたのようだったら、心理学は生まれなかったでしょう。

学生　それって、私が単純な人間だということでしょうか？　先生は私をそんな人間だと思っていたのですか？

先生　急に怒らないでください。そもそも私が言ったことではありませんし。私はあなたを勘の鋭い優秀な学生だと思っていますよ。それにそもそも「あなたには心理学が要らない」と言ったのはM先輩ではなかったのですか？

学生　M先輩はとてもいい人で、そんな非道いこと考える方ではありません。とても誠実で思いやりのある人で、先生とは違います。

先生　私はただ「現象と本質が一致している」ということについて説明しただけで、あなたが好きな人のことを悪く言うつもりなど毛頭ありません。

学生　それなら許してあげましょう。でも、どうして私が……、好きだという……、そんなこと言っていませんし、M先輩に失礼だし……。

先生　顔に書いてありますよ。

学生　心理学では顔を見ればその人の心がわかるのですか？

先生　実のところ、顔を見ただけではさっぱりわからないのです。つまり、顔に現れる現象と内面の本質とは普通一致していないので、事象を分析する方法が必要になるのです。

学生　じゃあ、私には方法が要らないとでも。

先生　そこは一旦あなたから離れてください。ともかく心理学には、実験・観察・検査・質問紙・面接等の方法があります。科学を目指して、技術も磨いてきました。

学生　その方法を使うと、人の心がわかるということですか？　じゃ、私の心を当ててください。

先生　やけに挑戦的ですね。「お腹が空いていて早く食事にいきたい」でしょう。

学生　なぜわかったのですか？

先生　あなたの場合はお腹が鳴っているので、方法など使わなくても。

学生　盗み聞きしたのですか？　それは非道いです。

先生　別に聞きたいわけではありませんが、聞こえてしまうというか……。そんなことより、心理学の対象は「心」ではないのです。

学生　どういうことですか？

先生　心理学の対象は、行動です。姿勢や運動、情動や感情、感覚や知覚、言語や思考等、これらは観察可能な行動として心理学の対象となります。

学生　そう言えば、お腹の音も観察可能な対象ですね。

先生　観察可能というよりは、観察不要と言うべきでしょうが。

学生　何か言われましたか？

先生　いや、単なるつぶやきです。

学生　それで、心と行動とはどう違うのですか？

先生　同じだと言う研究者もいます。発達心理学では、ゲゼル（Gesell, A.L.）などがその代表格です。誕生後、定期的に子どもを観察し、行動発達標準と呼ばれる発達診断の道具を作成しました。とくに、乳児期の観察は優れていて、今でも十分通用する研究です[1]。

学生　先生は、心と行動は同じだと考えるのですか？

先生　私は、心と行動の関係を、本質と現象の関係として理解します。一見異なる現象が共通の本質の現れであることもあるし、反対に同じ現象であっても本質は異なることもあるでしょう。

学生　異なる行動が同じ心の現れであったり、同じような行動であっても異なる心の現れであったり、ということでしょうか？

先生　察しがいいですね。

学生　だからもともと察しはいいのです。

先生　あなたは人を好きになったとき、一直線に好き好き光線を発しますか？

学生　とんでもありません。そんなことできるわけありません。それどころか避けてしまったり、うろたえてしまったり……。

先生　異なる行動（現象）を示すけれども、好きという心（本質）の現れということです。

学生　では、同じ行動を示しているようでも心が異なるというのはどんな場合でしょうか？

先生　たとえば、授業中「わかりましたか？」と聞かれると、みなさん「わかりました」と答えるでしょう。しかし、そのなかには本当にわかった人とわかっていないのにわかったふりをしている人がいます。心が異なっていると言ってもいいでしょう。

学生　わかったふりにも辛いものがありますが、その違いはどのようにしてわかるのですか？

先生　試験をしてみれば結果がすぐ示されます。

学生　ということは、試験は理解という心を調べるものだというわけですね。何か秘密を暴かれるようであまりいい気持ちがしませんが。

先生　もちろん、心のすべてを調べるということではなく、授業の理解という面だけを明らかにする方法です。

学生　そういうことなら許せます。

先生　あなたが許したとしても及第点(2)を取らないと単位はあげませんよ。

学生　先生は優しくないですね。

先生　もう1つ大切なことがありました。

学生　何ですか?

先生　心は葛藤しているのです。人はいつも迷いながら行動を選択しています。

学生　そうです。朝も頑張って起きようか、今日の1限はつまらない授業だからもう少し寝ていようか、迷っています。出かけるときもお腹が空いているので朝ごはんを食べて行こうか、遅刻しそうなので食べずに行こうか迷います。昼ご飯のときも食堂で何にしようか迷っています。かわいそうな迷える少女です。

先生　食べることが多いようですが、迷って選択するということは人間的な行動です。発達的に言えば、迷うことが人間を成長させるということです。

学生　迷っていいのですね。ここに来るのも迷っていたのですが、来てよかったです。

注

（1）ゲゼル・A、アマトルーダ・C・S　佐野保・新井清三郎訳　発達診断学——小児の正常発達と異常発達　日本小児医事出版社　１９５８

（2）及第点は、多くの大学では60点で、それに満たない場合は「不可」となり、単位取得が認められない。

第8章　大人の自己中心性

前回は煙に巻かれたしずくさん。今回はその敵《かたき》を討とうと張り切って山戸先生を訪ねます。しかし、先生がもち出してきたのは何と「絵本」です。自身で書いた自信作、なんだか先生のダジャレ癖がうつってしまったようです。この絵本の意味は「大人の自己中心性」だそうです。ピアジェの心理学として習ったのは、「子どもの自己中心性」だったはずなのに、一体どうなることでしょうか。

学生　先生、何かいいことあったのですか？ お土産に羊羹をもらったとか？ 顔に出ていますよ。先生も「心理学の要らない。現象と本質とが一致した人」かもしれませんね。

先生　言うようになりましたね。わかりますか？ でも、羊羹ではありません。

学生　それなら何をもらったのですか？ わざと隠して、魅力的になろうとしてもだまされませんよ。

先生　あなたのように、常に食べ物のことを考えているわけではありません。

学生　他にどんないいことがあるのですか？

先生　そう言われてみると、食べ物以外でいいことなど、なかなか思い浮かびませんね。でも、今回は違うのです。
学生　まさか大発見をして、ノーベル賞候補になったとか？
先生　「まさか」は余計です。といっても残念ながらそうではありません。
学生　じゃ、直木賞候補になったとか？
先生　当たらずとも遠からず。
学生　本当に？　冗談で言ったつもりだったのに。
先生　実は、絵本に挑戦してみました。題して、「心理学絵本シリーズその1」といったところです。
学生　先生は絵が描けたのですか？　そんな才能があるとは知りませんでした。
先生　いや、絵は描けていないのです。
学生　絵のない絵本ですか？
先生　今のところ、そうです。むしろ、筋書き・骨組みだけといった方が正確でしょう。
学生　面白そうではありませんね。
先生　じゃ、見たくないのですか？
学生　普段お菓子をいただいているので、見るくらいは見てあげますよ。

☆☆☆☆☆☆☆☆☆☆☆☆☆☆☆☆☆☆☆☆☆☆☆☆☆☆☆☆☆☆☆☆☆☆

山と水滴（やまとしずく）

ある夜明けのことです。

山が麓《ふもと》を見下ろすと、木の葉に1つぶの水滴《しずく》が残っていました。

山は水滴があまりに小さいので、少しからかってみたくなりました。

「おーい、しずく。おまえは何てちびなんだ。」

水滴が何も言い返さないので、山は強い口調で言いました。

「おーい、ちび。ちび、ちび、ちびったれ。おまえは俺様に恐れおののいて声も出ないのか。」

すると、水滴は面倒くさそうに、口を開きました。

「なーんだ、やまか。何か用か。」

山は、意外な水滴の口答えに、いっそう横柄《おうへい》に言いました。

「おまえは、実にかわいそうだ。そんな小さな身体じゃ、何もできないな。俺様がうらやましいだろう。」

ところが、水滴は怯《ひる》むどころか、言い返してきました。

「ぼくが小さいって。君の方が小さいよ。」

山は、驚いて、言いました。

「何をバカな。空威張《からいば》りは見苦しいぞ。」

水滴は、平静《へいせい》な様子で、言いました。

「それじゃ、ぼくを見てごらん。」

山は、言われたとおりに、身をかがめて水滴をのぞき込んでみました。するると、大きいはずの自分の姿が、小さな水滴の中にすっかり収まっているではありませんか。

山は、何だか恥ずかしくなり、水滴の中の自分が、朝焼けに染まっていくのをずっと見ていました。

☆☆☆☆☆☆☆☆☆☆☆☆☆☆☆☆☆☆☆☆☆☆☆☆☆☆☆☆☆☆☆☆

先生　どうでしょうか？
学生　直木賞は無理ですね。

先生 やっぱり。

学生 それから、子どもに読ませるというのも難しいでしょう。

先生 そう言われてみればその通りで、子どもはこんな本を面白がりませんよね。

学生 売れないとわかっていて出版を引き受けてくれるような奇特《きとく》な出版社がありますか?

先生 確かに。

学生 そもそもどういう風の吹き回しで、こんな本を書こうと思ったのですか? そのときの心境というか、唐突に思い至った経緯《いきさつ》というか。

先生 そう言われても、とくに何も思い当たりません。急に書きたくなっただけで。

学生 ご自分の研究に行き詰まってしまったとか、ではありませんか?

先生 そう言えば……。

学生 早く吐いて楽になりなさい。

先生 警察の取り調べみたいですね。

学生 余計なことを言わずに、さっさと自白した方が身のためですよ。

先生 その当時、子どもの自己中心性について考えていました。

学生 なるほど。

先生 大人からすると、子どもは自己中心的です。最初にそれを言い始めたのは、ピアジェ

(Piaget, J.) でした。ピアジェの本では、次のような子どもとのインタビューが紹介されています。

Nai（4歳半）「夜、きみが散歩するとき、月はじっとしていますか?」――「ぼくと一緒に来ます。ぼくらについてきます」――「月は自分のゆきたいところにゆけますか? それとも、何かが月を進ませるのですか?」――「ぼくが歩いて進ませるのです[1]」

先生　自分の動きが月の動きの原因であるかのような言い方なので、ピアジェはこれを子どもの自己中心性のためであるというわけです。

学生　それはよくわかります。Naiの考えが正しいとすると、人の数だけ月もないといけません。aちゃんのあとをついてまわる月、bちゃんのあとをついてまわる月、cちゃんのあとをついてまわる月……が必要になります。でも、月は1つのはずなので、辻褄《つじつま》が合いません。したがって、「ぼくが歩いて月を進ませる」ということは成り立ちません。

先生　今日はなかなか論理的ですね。

学生　見直しましたか? いや、誤解が解けましたかと言わせていただきましょう。

先生　まぁ、そこから「子どもは他の人の立場から考えることはできない、つまり、自己中心的であるというわけです。

学生 これで、万事解決ではありませんか？

先生 万事解決という言い方はあまり聞いたことがありません。万事の場合は「万事休す」で、その反対は「一件落着」ということで。

学生 そんな細かいことはどうでもいいので、次に進めてください。

先生 何だか取り調べが継続しているような……。それでもめげずによく考えてみると、子どもからすると、大人だって自己中心的ではありませんか？

学生 どういう意味ですか？

先生 どうして子どもは夜9時までに寝なくてはいけないのですか？

学生 子どもに夜更かしはよくないからです。

先生 それだけですか？

学生 それに夜は大人の時間です。うるさい子どもから逃れて、ゆっくり本を読んだり映画を観たりお酒を飲んだり、大人も少しは楽しみたいものです。

先生 あなたのように本音を語ってくれる大人はあまりいません。「子どもに夜更かしはよくない。ゆえに子どもは夜9時までに寝なくてはいけない」という説明は、三段論法にもなっていません。「月に夜更かしはよくない。ゆえに月は夜9時までに沈まなくてはいけない」という言い方と大差ありません。

学生　ということは、子どもだけでなく、大人も自己中心的であるということでしょうか？

先生　そういうことになります。ピアジェも次のように述べています。(2)

「自分の身体活動に世界を同化する乳児の自己中心性や、出現しつつある思考に事物を同化する幼児の自己中心性（シンボルあそびなど）にも匹敵する青年の知的自己中心性が存在する」

学生　ピアジェの言い方は理屈っぽいですが、要するに子どもにも青年にもそれぞれの自己中心性があって、それを克服していくのが発達であるというわけですね。

先生　察しがいいですね。

学生　だから、察しはもともといいのです。

先生　そうでしたね。しかし、発達というと「できなかったことができるようになる」過程であるという見方が根深く存在しています。そのような見方では、できるようになるというのは大人に近づくということです。あくまでも大人が完成体であり、子どもはそこに向かって近づいているという考えです。そうなると、子どもには夢も希望もなくなります。そもそも子どもは今の大人などにはなりたくないのですから。(3)

学生　子どもは大人になりたくないのですか？

先生　じゃ、あなたは早く大人になりたいですか？

学生　いや、私はまだ未熟なので今のままがいいです。大人は疲れることが多く、辛そうですし……。

先生　あなたはまだ子どものつもりではありませんか？　あなたはもうすでに大人のはずですよ。選挙権もあることだし。

学生　そうか。だまされたような……。

先生　だましたのでなく、引っかけたのです。いや、あなたが引っかかりやすいのかな？

学生　どうせ心理学が要らない人間ですから。

先生　すぐに拗ねないでください。大人こそ自己中心的であり、子どもは大人を乗り越えて新しい社会を築いてゆく存在であることを主張した心理学者がいます。その人、ワロン（Wallon, H.）は次のように言っています(4)。

「大人の自己中心性は、結局、あらゆる精神的進化が不可避的に大人特有の感じ方や考え方、大人の環境や時代の感じ方や考え方に行きつくという信念によって、その存在を明らかにすることができる」

学生　精神的進化というのは、今でいう発達ですね。大人の能力に近づくことが発達であると言われてしまうと悲しいので、ワロンの主張はよくわかります。私は先生のようにはなりたくありませんし、もっとセンスのいい大人になりたいです。

先生　私をもち出さないでほしいのですが……。

学生　でも、最初に変な絵本を見せたのは先生だし。

先生　そうです。思い出しました。大人の自己中心性について考えていたとき、絵本のテーマが突然浮かんできたのです。

学生　察しのいい私は、わかりましたよ。大人と子どもの関係が、山と水滴の関係だと。小さな水滴（子ども）が山（大人）を映し出しているって、なかなか素敵ですよ。

先生　やっと、褒めてもらえました。子どもの図書ベストセラーをねらえそうですか？

学生　図に乗らないでください。そもそも、出版は難しいでしょうね。

先生　ズ（図）シーン！

学生　この期に及んでまたダジャレですか？

注

（1）ピアジェ・J　岸田秀訳　子どもの因果関係の認識　明治図書出版　１９７１（原著は１９２７）

（2）ピアジェ・J　滝沢武久訳　思考の心理学――発達心理学の6研究　みすず書房　1968
（3）田丸敏高　子どもの発達と社会認識　京都・法政出版　1993
（4）ワロン・H　竹内良知訳　子どもの精神的発達　人文書院　1982（原著初版は1941）

第9章　子どもの思考——「のに」と「から」——

しずくさんは、最近疲れ気味です。楽しいはずの大学生活なのに、2年生になって必修の専門科目が増え、授業についていくのもなかなか大変です。部活やアルバイトも周りから頼られる存在となっているのでいい加減にはできません。今回はため息をつきながら山戸研究室の扉を叩きます。そこで出されたのが、子どもは「のに」と「から」とをどのように使い分けているのかという問題です。もう頭がいっぱいな「のに」考えるのか、もう頭がいっぱいだ「から」考えるのか。

学生　はぁ。

先生　どうしたのですか? お腹が空いて元気が出ないとか。

学生　ふぅ。

先生　おかしいですね。いつもなら、「私は食い気だけではありません。年頃の乙女がため息をついているのですよ」とでも言い返してくるのに。今日はどうしたのですか?

学生　授業に出る気がしないのです、まったく。

先生　えっ、それは私のせいのですか？　そりゃ私の講義はつまらないでしょうし、聴く意味もない話かもしれないし、楽しい話題も出てこないでしょうし……。

学生　別に先生はいいんです。

先生　それでも私なりに頑張って準備をし、少しは冗談も盛り込み、精一杯努力しているつもりですよ。

学生　先生の授業に登場するのは冗談というより、妙なダジャレですが、それはいいんです。

先生　それも努力の証《あかし》ですが……。

学生　そういうことではなく、先生の講義に出たくないというわけでもありません。先生の授業時間は私にとって貴重な時間ですよ。とくに午後一番の授業など、先生の声は子守歌のように優しく、ゆっくり睡眠がとれるので、とても感謝しています。

先生　何だか褒められた気はしませんが。

学生　問題は必修科目です。必修科目は大切な内容で、それを履修しないと卒業することもできない重要な授業です。その点、先生の心理学は取っても取らなくてもどうでもいい科目です。私が出る気がしなくて困っているのは必修科目の方です。こちらは教員免許を取得するために必須なのに、それに出たくなくて、私は自己嫌悪です。落ち込んでいます。

先生　そうですか？　あなたは自己肯定感の塊だと思っていたのですが、自己嫌悪ですか？　それは残念ですね。昨日お土産にもらったバウムクーヘンがあるのですが、食べる気になりませんよね。

学生　またいつものように食べ物でごまかさないでください。私がお菓子が大好きなことを知っていて、バウムクーヘンをもち出すなんて、非道いです。でも、もち出された以上、受けて立たないと女が廃《すた》るので、どうしてもと言われるのなら5、6切れならいただきます。

先生　別に女が廃ることはないでしょうが、まあどうぞ召し上がってください。

学生　これなかなか美味しいですね。もう少しいけそうです。紅茶、ありませんか？

先生　図に乗り過ぎです！　以前、図示した「心の在処」を覚えていますか？　あなたの心はからだとの関係に左右されやすい性質《たち》ですね。健康的でうらやましい。

学生　うらやましいのは健康と性格ですか？

先生　うらやましいのは、あなたの食欲と立ち直りの早さです。

学生　当たらずとも遠からず、ですね。

先生　あまり当たってはいないようですが、いいことにしましょう。ところで、先ほどあなたは「必修科目なのに授業に出たくない」と言いました。

学生　確かに、そのようなことを言いました。

先生　本当に「のに」ですか？

学生　またいつものように、唐突にことばの端《はし》を突いてきましたね。「のに」がどうかしましたか？　素直な気持ちを言っているのに、ご不満でも？

先生　そういうことではなくて、少し考えるところがあって……。というのも、以前、台風でキャンパスの大木《たいぼく》が倒れてしまったときのことでした。

学生　あの日は暴風警報が出て、大学が休講になったので覚えています。

先生　小学生たちが三々五々《さんさんごご》大学の校内を通って帰っていました。ちょうど倒れた木の所にさしかかると、どの子もその木の上を平均台のように渡っていきました。私は４階から見ていたのですが、来る子も来る子もみんなわざわざ登って行きます。

学生　先生はお暇ですね。でも、それがどうかしたのですか？

先生　低学年の子どもたちは危ない「のに」渡りたがるのです。大学生は当然避けて通るし、中学生も渡っていくことはほとんどありません。

学生　大学生にもなって、倒木の上を歩いて渡ろうとする人はあまりいません。

先生　あなたならするかもしれませんね。

学生　「渡りきったら、レポート免除」なら渡ります。まぁバウムクーヘン１切れでも引き受けますが。

先生　そういうとき、あなたはしぶとそうですね。

学生　頑張るときは、頑張ります。

先生　倒木渡りが必修科目ならよかったですね。ところで、さっき危ない「のに」渡りたがると言いましたが、子どもからすると危ない「から」渡りたいとは思いませんか?

学生　なるほど。

先生　外から見るのと当事者が思うのとはズレがあります。「のに」と「から」とのズレはその1つです。もっとも「危ない」と「渡る」との関係は、最初は未分化であり、子どもにしても危ない「ところ」を渡るに過ぎなかったかもしれません。「ところ」というあいまいな関係を意識の組上《そじょう》に乗せるとき、「のに」と「から」とを区別して捉えることになるのでしょう。

学生　急に、話が心理学的になってきました。

先生　いつも心理学のことを話しているつもりです。

学生　それで、続きはどんな話ですか?

先生　「ところ」というあいまいなつながりを意識することによって、「のに」と「から」とが区別されます。そして、「から」を選ぶのか「のに」を選ぶのか選択できるのです。「危ないから渡る」方を意識するならば、これからは多少危ないところ（子どもからするとスリルのある場所）を見つけて、挑戦するようになるでしょう。「危ないのに渡る」方を意識するならば、それからは危険を避けて安全第一に考えるかもしれません。あいまいに丸ごと捉えていた1つのものを2つに分けて違いを明確にすることを、「二重化」ないし「分化」と呼びますが、こうした意識化を通して子どもは選択の自由を得ることになります。

学生　「のに」や「から」の話が、自由をめぐる問題になるなんてびっくりです。

先生　小学校入学後しばらくの間、子どもは誇りをもって勉強します。そして、きれいな字を書けるようになったり、計算ができるようになったりすることで、自信を深めていきます。しかし、あるとき勉強の難しさに遭遇します。漢字が複雑で上手に書けなかったり、すぐに計算できなかったりする事態に直面します。言い換えれば、「難しいところを勉強する」ようになるのです。

学生　そうでした。できないと悔しいんですよね。

先生　そうした事態を意識するとき、「難しいのに勉強しなければならない」という「のに」の意識が生まれることになります。それに対して、もし「難しいから勉強したい」という「から」の意識を生み出すことができれば、勉強に対する態度が変わります。「難しいから勉強したい」という態度を育てることができれば、しめたものです。

学生　へぇ、そんな切り返しがあるのですか？

先生　勉強は、本来その難しさがあるからこそ、やりがいがあるものではないでしょうか。もともと、子どもは困難に挑戦することを嫌ってはいません。子どもにとって、遊びのなかで腕を磨き、困難に挑戦するのは楽しいことです。縄跳びにしてもコマ回しにしても、難しいからこそ挑戦する価値があります。

学生　確かに、遊びならば頑張ります。

先生　苦い「のに」飲みたいと苦い「から」飲みたい。これは、ビールについてですが、あなたはどちらですか？

学生　私は、遅刻する「のに」朝寝坊したいし、朝寝坊する「から」遅刻するです。

先生　少し変ですが、この際いいでしょう。幾度も話に出てくるピアジェ（Piaget, J.）による「から」と「のに」の研究があります。[1] ピアジェは、ジュネーブの公立小学校で子どもに、文章完成法の問題を課しました。

1．明日ぼくは学校へ行かないでしょう。○○○○からです。
2．その男の人は自転車から落ちました。○○○○からです。

先生　フランス語では、文と文の間には「parce que」という接続詞が入ります。日本語では、「なぜなら」にあたりますが、実は、フランス語と日本語では文の順番が異なります。フランス語では、「明日ぼくは学校に行かないでしょう。parce que（なぜなら）、風邪を引いて熱があるからです」という表現ですが、日本語では、「風邪を引いて熱があるから、明日ぼくは学校に行かないでしょう」となります。日本語では、事実の起きた順に文を並べることになりますが、フランス語では、事実の生起《せいき》と逆転した順に文を並べることになります。この点、子どもにとっては、フランス語の表現の方が難しいだろうと思います。

学生　この問題だったら、簡単で楽勝です。

先生　ピアジェの研究では、７歳以降正答率が70％以上になりますが、６歳まではいろいろな間違いをするという結果になりました。たとえば、次のような回答が誤答例です。

Kul（8歳6カ月）「その男の人は自転車から落ちました。腕にけがをしたからです。」

Don（6歳）「ぼくはペンをなくしました。書かないからです。」

学生　「けがをしたから自転車から落ちた」というのは、因果関係としては変ですね。順序が逆です。「自転車から落ちたからけがをした」ですよね。

先生　ピアジェは、「子どもが、文と文との間に因果のつながりを明らかにするかわりに、単に並置する傾向をもっている」と結論しました。つまり、子どもは、文と文、あるいは判断と判断との間の関係を適切に意識できず、ただつなげているというわけです。

学生　意識の問題というわけですね。

先生　接続詞を用いた論理的証明も子どもには困難です。

Tacc（9歳）「9の2分の1は4ではない。その子は計算違いをするからです。」

Gue（6歳）「子ネコが大きな犬を呑みこんだのを見たとポールは言います。それはありえない。本当ではないからとポールの友だちは言います。」

先生　これらの答えは論証にはなっていません。「子どもは、そもそも論証の必要を感じていない」として、ピアジェは次のように言っています。

「子どもは、物理的必然性（自然が法則にしたがっているという事実）をも論理的必然性（ある命題が必然的に他のある命題を招くという事実）をも知らない。子どもにとっては、すべてがすべてに関係がある。これは、つまり、すべてがすべてに無関係であるということである。」

先生　「のに」も同様です。

Maz（8歳）「その男の人は自転車から落ちました。ペダルを強く踏み過ぎたのにもかかわらず（malgré que）。」

先生　この子どもは、「のに」についても「から」と同様に、文をつなげるためだけに使っています。これは本来の「のに」の使い方ではありません。

学生　つまり、単に2つの事実を並置しているだけであって、自転車から落ちたこととペダルを強く踏み過ぎたこととの関係を意識していないということですか？

先生　子どもにおいて、文＝判断は並置されるだけです。こうした並置は、論証の欲求の欠如、自分自身の観点への執着とともに現れ、そこには子どもの思考の自己中心性がかかわっているとピアジェは考えました。

学生　研究者たちは、テストのような課題で子どもがどう回答するかをもとにして、議論しているように思います。子どもの実際の生活のなかでは、どうなんでしょうか？

先生　子どもこそ「から」と「のに」をよく使っていませんか？

学生　そう言えば、ケンカをしたとき、子どもはよく「から」と「のに」を使っていました。

「○○ちゃんが先にぶったから、ぼくもぶった。」

「私は貸してあげるのに、○○ちゃんは貸してくれない。」

先生　子どもの表現が文法的に正しいようなので、大人はつい真に受けてしまいます。たとえば、「○○ちゃんが暴力をふるった」ことが原因で、「ぼくも反撃する」ことになったというように。しかし、どっちが先に手を出したかということに関しては、実際はあまり定かではありません。ケンカの様子を見ていた友だちに聞くと、先に手を出したのは訴えた本人であるらしいこともあります。そうすると、当の子どもは、先に手を出した上に、原因を友だちに転嫁した嘘つきということになってしまいます。実は、２人でぶち合ったということを言おうとしていただけかもしれないのに。

学生　「のに」は子どもより大人がよく使っています。私の母も口癖のように使っていました。片付けたばかりの部屋を散らかす子どもに対して、「もう、掃除をしたばかりなのに」、夜遅く宿題を始めて間に合わないと嘆いている子どもに対して、「だから、あれほど宿題を先に済ましなさいと言ったのに」と。

先生　この子どもはあなたのことですか？

学生　私の弟です。たまに私もありましたが。

先生　弟さんに来てもらい証言を求めたいところですね。大人は多少嫌みを込めて「のに」を入れて、言いきかせたつもりなのに、子どもはあまり聞いていないようですが、いかがですか?

学生　私も、母に叱られている間、何を考えていたかといえば、「お母さんは、怒ると、どうして鼻の穴が大きくなるのかな?」って感心しながら見ていました。

先生　子どもが反省していると思って真剣に叱っていたお母さんには教えられない話ですね。

学生　もう時効でしょう。

注

（１）これ以降引用は、以下の図書からです。
ピアジェ・J　滝沢武久・岸田秀訳　判断と推理の発達心理学　国土社　１９６９（原著初版は１９２４）

第10章　青年の思考——抽象化と具体化——

めずらしいことに先生から「研究室に寄ってほしい」と言われたしずくさん。少し期待しながら研究室に入ると、先生が言い出したのはある男子学生の話。私に密かに思いを寄せている人がいるのかもしれない。しかし、話はケーキのことばかり。ショートケーキにチョコレートケーキ、フルーツケーキにモンブラン。恋とケーキをめぐって、青年の思考の本質が明かされていきます。

学生　先生から「研究室に寄ってほしい」なんてめずらしいですね。

先生　うーん。ある男子学生から相談というか告白というか、まあそんな話があって……。

学生　まさか、私のことが好きだとか、ですか？　そういうことは直接言うべきで、先生に相談するなんて女々しいですね。そんな人、絶対……、とまでは言いませんが、たぶんお断りです。

先生　やけに察しがいいですね。

学生　だから、もともと察しはいいのです。

先生　でも、そういうことではないんですが、なるほどね、そういうこともありうるのか……。

学生　違うんですか？

先生　もしそういうことだったら、話は簡単だったのに。

学生　どういう意味ですか？

先生　仮に、ですよ。万が一、ひょっとして、あなたのことを好きな男子学生がいたとします。

学生　そんな「仮に」や「万が一」を強調しないでください。

先生　その学生が影であなたのことを慕っていて、何とかあなたに近づきたいとします。どうしたらいいと思いますか？

学生　そんなこと私に聞かれても困ります。

先生　「映画の券が2枚手に入ったんだけど、一緒に行きませんか」なんて誘っても無理でしょうね。

学生　映画だったら、緊張しながら男の人と観るより、ポップコーンでも思いきり頬張りながら女友だちと気楽に観たいです。

先生　「ショートケーキに、チョコレートケーキ、フルーツケーキ食べ放題の無料招待券があるんだけど、行きませんか」というのはどうですか？

学生　私はモンブランが好きなので、それもあるんですか？　で、ケーキ無料招待会というのはいつですか？

先生　いきなり「いつですか」はないでしょう。その前に聞くべきことはありませんか？

学生　あっ、そうか。それはどこのケーキ屋さんですか？

先生　その相手の名前くらい聞かなくていいのですか？

学生　忘れていました。でも、私は美味しいものに夢中になるという弱点があるようで、それだけたくさんのケーキを言われてしまうと、とりあえずケーキ無料招待券をいただいて、１人でも行きたくなります。

先生　ただ、その学生の話というのは、そんなことではないのです。

学生　「そんなことではない」という言い方が気になりますね。私とケーキとどちらが大事なのですか？

先生　もちろん両方とも大事ですが、今回は両方とも違っているわけで。

学生　何だかややこしいですね。

先生　それは、こういう話です。学生曰く、「ぼくは自分の醜さに気がついて自己嫌悪に陥っています。ぼくは、福祉系のサークルに入っていて、障害のある子どもを支援する企画にかかわっています。でも、本当にその子どもたちの支援をしたいのだろうか、本当はそういう弱い子どもに手を差し伸べる良い人を演じていたいという自己満足だけじゃないか。そういう考えから逃れられなくなってしまいました」

学生　へぇー、そういうふうに考える人もいるんですね。

先生　続けますよ。学生曰く、「それだけなら、まだいいのです。自己嫌悪で済みますから。実は、福祉系のサークルには、何というか優しくてきれいな女性が多いのです。本心はそこにあって、自分は何て醜い人間なんだろうか」というわけです。かなり落ち込んでいるようなので、声の掛けようもなく、私も困ってしまいました。何かいい知恵はないですか？

学生　心理学者の先生にわからないことが、私にわかるとでもおっしゃるのですか？

先生　私は理論的な追究は好きですが、実際問題になるとからきしダメで、とくに青年期の悩みとなるとさっさと逃げ出したい気分です。

学生　心理学者はカウンセリングもするのではありませんか？　相談を受けながら逃げ出すのですか？　カウンセラーの風上にも置けませんよ。

先生　心理学者とカウンセラーとはまったく別で、それに私は子どものことを考えるのは多少得手ですが、青年期となるとどうも生々しくて、ついて行けません。

学生　そうですか？　それはいいことを発見しました。

先生　別に悪いことをしたわけではないのに、なぜかあなたに弱みを握られたような気分です。

学生　「後悔茶柱が立たず」ですね。

先生　それを言うなら「後悔先に立たず」でしょう。それはいいとして、どうしたらいいでしょうかね。

学生　その男子、誰のことを好きなのですか？　好きな人の名前くらい自白させたらいかがですか？

先生　えっ、誰か好きな人がいるのですか？

学生　当たり前じゃないですか？

先生　まさか、あなたではないでしょうね。

学生　残念ながら、私は福祉系ではありませんし、優しくもないし、きれいでもありませんよね。

先生　まあそうかもしれない……、いや、そんなことはないと思いますが。

学生　きっと、その福祉系サークルのなかの誰かでしょうね。うちの学生だったら、すぐに調べがつくのですが、他大学も参加しているとなると、すぐにはわからないでしょう。

先生　そんなことを調べられるのですか？

学生　私の情報網は結構広いんですよ。でも自白の方が確かでしょうね。何なら私が吐かせてあげましょうか。

先生　あなたの取り調べを受けたら、きついでしょうね。それはやはりかわいそうで……。ちょっと待ってください。あなたはなぜその男子学生に特定の好きな人がいるとわかったのですか？

学生　具体的なことがないのに、「私はダメな人間だ」なんて悩みますか？

先生　そう言われればその通りですね。あなたが「私はダメな人間だ」なんてセリフを言うとすれば、ケーキを食べ過ぎて後悔しているときでしょう。それもほんのわずかな時間で回復し、次の美味しいものを前にして、あなたから後悔の2文字は消え去ることでしょう。

学生　何か言い返したいところですが、かなり図星です。でも、「ケーキの食べ過ぎで後悔している」と言っても誰も慰めてくれないです。それより、「私はなんてダメな人間なんだ」とため息の1つでもついた方が話を聞いてくれる人が出てきそうです。

先生　確かにそうですね。それに何より、ケーキだけで後悔しているなんてさみしいというか、あなた自身も認めたくないですよね。少しは反省しなさい。

学生　反省します……って、どうしてここで私が謝らなければならないのですか？　問題はその男子の方でしょう。

先生　なるほどね。青年は、具体的なことを抽象的に悩むというわけか。

学生　先生の頭のなかで何かが唐突に始まってしまったようですね。

先生　そもそも思考を心理学的に分析すると、２つの過程に別れます。１つは、具体から抽象へ、つまりケーキの食べ過ぎから人間としての後悔という過程です。

学生　元の話は、「誰かに恋したことから自己嫌悪や醜い自分へ」ではありませんか？

先生　それより、ケーキの話の方がわかりやすい。２つめは、抽象から具体へ、つまりケーキの食べ過ぎからショートケーキにチョコレートケーキ、フルーツケーキに加えてモンブランまで食べ尽くし、さらに洋なしのタルトに手を出そうとして友だちに止められたという過程です。

学生　洋なしのタルトなら、後悔することなく食べられそうです。むしろ、食べ損なった方が後悔しそうです。

先生　一応ここで人間として後悔していただかないと話が次に続きません。後悔しましたか？

学生　はい。いいえ、まだ何も、ショートケーキひとかけらもいただいていません。

先生　まっ、それはいいとして、ケーキをめぐって、思考は抽象化に向かったり、具体化に向かったりするわけです。その往復運動が思考と呼ばれる過程です。

学生　ケーキを目前にしながら、やれ抽象化だの具体化だのについて考えろというのは、あまりにも酷な話ではないですか？

先生　ただし、具体化と抽象化の往復運動というだけでは、思考の論理学に留まっています。思考の心理学は、思考の事実、つまり生きている人間の思考を把握しなければなりません。思考するということは、自身と現実のアマルガム（入り混じったもの）から一旦身を引いて、自身についても現実についても対象化することになるので、辛さも和らぐものです。辛いときこそ思考することをお勧めします。あなたとケーキとの関係を冷静に見つめ直してみてください。

学生　先生は、私とケーキという相思相愛の仲を引き裂くつもりですか？

先生　密着した関係に陥ったときは、一度距離をとってみることも大切です。

学生　こんなに愛し合っているのに、離れなくてはいけないなんて、悲しいです。

先生　悲しいのはあなたであって、ケーキたちの方はとくに悲しんではいないと思いますが。あなたの胃腸に入ってまぜこぜにされるより、いまひとときそれぞれの美しい姿を保ち、いろいろな人から見つめられていたいかもしれません。

学生　そんなことをしていたら、ケーキたちに魔の手が忍び寄り、どこの誰ともしれない輩に連れ去られ、獣のような口のなかでぐちゃぐちゃにされてしまうでしょう。早く私が助けてあげなくてはなりません。

先生　なんだかあなたの口ぶりが思索家のようになってきました。もう少しで詩人と言えるかもしれません。

学生　やはり私にはその種の才能があるということでしょうか？

先生　まあそうでしょうね。

学生　なんだか怪しいですね。本当は私の才能とは思っていないのではありませんか？

先生　ケーキ相手でさえ、ケーキについてと同時にあなた自身についても深く考えることができるということです。ただ、そのためにはあなたの視点とケーキの視点と双方から事象を捉えたり、抽象化と具体化の往復を繰り返してみることが必要でした。

学生　ケーキには深い意味があるのですね。

先生　深い意味を考えるのは、青年期の特徴と言われています。普通は星を見ながらであったり、恋について語りながらであったり、そういうことから人生の意味を発見するようです。人の視点からは星は遠くほのかに瞬《またた》いているものですが、星の視点からすると人は宇宙のなかでごく小さなものと映るでしょう。そうすると自身が深刻に悩んでいるときも、星の視点から大したことはないと安心することもできます。

学生　なるほど、確かに悩みが薄らぐかもしれません。

先生　恋も不思議ですね。相手のことばかり気になり、相手の些細な言動に一喜一憂していると思ったら、今度は相手に映る自身の姿が気になり、ときには自身の醜さに悩むことになります。

学生　先ほど、先生のところに来た男子もそういうことでした。その人も青年らしい思考をしていたと言えますね。

先生　あなたもそうですよ。少し違うのは、あなたの場合、星や恋よりは、ケーキの方で深く、執念深く考える性質のようです。

学生　それで、ケーキの無料招待はいつですか？

第11章　ことばの威力

しずくさんは、久しぶりに帰省した車中で幼く見られたと思ったら、ボランティアでは子どもから「おばさん」と呼ばれ、傷ついています。そして、ことばの正しい指導を求めて、山戸先生を訪ねます。子どものことばは思いのほか複雑で、紆余曲折を経て発達していくことを知らされます。子どもにとっては「楽しいことば」と「真面目なことば」の区別もそう簡単なことではないようです。

学生　傷つきました。

先生　階段で転んだのですか？

学生　それはからだの傷で、私の方は心の傷です。

先生　誰かに太ったと言われたとか？

学生　えっ、私そんなに太りましたか？　体重は全然変わってないですよ。先生、非道いですね。

先生　いゃ、私はそんなこと気にしませんが、たとえばの話で……。

学生　先生が気にならなくても、私が気になります。服のせいかな、まっ、そういうことにしておきましょう。

先生　ところで、先ほどの傷はどこに行ったのですか？

学生　この間、祖母のところへ遊びに行ってきました。山陰のK町で、海がきれいで魚も美味しい、いいところなんです。

先生　それでお土産をもってきたとか？

学生　あっ、忘れてしまいました。というより、祖母から先生にも分けてあげるように言われたのですが、ショックのあまり1人で食べてしまいました。

先生　それはショックです。

学生　そうなんです。ショックでした。帰りの汽車で、つまりまだ電化されていなくて、2両編成のディーゼル機関車で、4人掛けの椅子に座ったのです。斜め向かいに見知らぬおばあさんがいて、私を見てにっこり笑うのです。

先生　何か食べ物をもらったのでしょう。

学生　よくわかりますね。私はかわいいせいか、それは自分でそう思っているというのではなく、周りからよく言われるもので、よく食べ物をもらうのです。この間もお店の前で見ていたら、食べるかいと聞かれて、ただでいいよと大福餅をもらいました。

先生　食べたそうな顔をして、じっと見ていたんでしょう。

学生　今回は、そのおばあさんが包みからおにぎりを出して、どうぞと言ってくれました。断るのも女が廃ると思い、2つだけもらっていただきました。

先生　2つももらったのですか？

学生　3つはさすがに悪いかなと遠慮したのですが、やはり3つもらった方がよかったでしょうか？

先生　遠慮するなら、1つだけというもらい方もあるにはあるのですが。

学生　それは気づきませんでした。それで、美味しくいただいているとき、おばあさんから「何年生？」と聞かれたのです。私は一人旅ということもあって、見くびられないように「4年生です」って答えました。

先生　なるほど、鯖《さば》を読んだのですね。

学生　鯖って食べるものと思っていましたが、読み物なのですか？

先生　鯖の話はご自分で調べていただくとして、要するに普通は若く言うところ年を増して答えたわけですね。

学生　そのおばあさん、しばらく私の姿を眺めて、「小学生1人で汽車に乗れるなんてしっかりしたお嬢さんだね」

先生　まさか小学4年生と思われたのですか？　まあ確かに、4年生というのは、中学や高校にはないので、小学校か大学ということになりますね。でも若く見られたのだから、いいではありませんか？

学生　小学生は若いとは言いません。幼いということになってしまいます。多少顔は若づくりですが、胸だって人並みにあるのに、小学4年生とはあまりな。

先生　どちらかというと、姿形《すがたかたち》もあるかもしれませんが、おにぎりを2つ取ったところに原因がありそうですよ。

学生　まぁ、遠慮して3つ取らなかったところが原因だと言うならば許せますが、やはり少し非道いです。

先生　そのショックで、私がいただけるはずだったお土産もなくなってしまったわけですね。私はそちらの方がショックですが、しかし、ことばは難しいですね。ことばは人と人とをつなぐものでありながら、ときとして、意味を取り違えられることもあります。

学生　先生も教える立場なのですから、ことばの使い方は正しく指導してください。

先生　K町のおばあさんの指導まではできませんが、子どものことならば言いたいことがないわけではありません。子どもを教えるというより、子どものことばの発達について正しく理解するということです。

学生　先生はあくまで子どもの肩をもつのですね。子どもも結構言ってきます。この間ボランティアで子ども会に参加したとき、「おばさん」って呼ばれました。

先生　あなたも忙しいですね。小学4年生になったり、おばさんになったり、役者みたいです。

学生　どうせなら時代劇の役者になって、失礼なことを言う者どもを切り捨ててしまいましょう。

先生　私も切り捨てられるのですか？

学生　そうですよ、太ったなんて無礼なことを言っていると。

先生　前にお話ししたように、子どもの場合、そもそもことばの使い方が未熟で、因果関係の捉え方も未分化です。そのような子どもに対して大人はどのように対応すべきでしょうか？

学生　先生の唐突な話が始まったようです。

先生　幼児にとって、ことばには力があります。1歳児の片言《かたこと》であっても、子どもが「ジュース」と言えば、大人は子どもがジュースをほしいと言っているのだと解釈し、子どもにジュースを出してあげます。子どもが「イタイ」と言えば、大人はあれこれ心配し子どもを世話してあげます。子どもは片言によって大人を動かすことができるのです。

学生　幼い子どもの特権ですね。

先生　その昔、特権は父親に与えられていました。父親が家長《かちょう》と呼ばれていた時代、家長が

「風呂」とか「飯」とか片言を言うだけで周りが世話をしてくれた時代はあったようです。しかし、今は職場だろうが家だろうが、「お茶」という片言を言ってお茶が出てくるのを期待しても、周りから冷たい視線を浴びるだけでしょう。

学生　今でも父は空威張りしますが、お茶はそそくさと動いて自分で淹れています。

先生　2歳児になると、面白いことばを言って大人を喜ばせたり、会話を楽しんだりすることができはじめます。ことばは大人の行動を引き出すだけでなく、大人の心に影響を与えます。もちろん、大人のことばで叱られれば涙が出てきたりしょげたりするわけで、子どもはことばが相手の心にも自分の心にも影響を与えるものだということを知るようになります。

学生　1歳と2歳とでは、ことばの発達に違いあるということでしょうか? 3歳以降はどうですか?

先生　3歳にもなればお話の世界（うそっこ）もコミュニケーションの一形態となります。お話をしてもらったり、絵本を読んでもらったりしながら、虚構の世界で遊ぶようになります。サンタクロースを待ち望んだり、オバケを怖がったりするようになります。

学生　子ども同士のことばのやりとりにはどうですか?

先生　大人との間だけではなく、子どもの仲間関係においても、ことばの力は次第に増していきます。4歳頃になるとケンカの際にも、ことばが重要な役割を果たすようになります。もはや、からだの大きさや腕力だけではケンカに勝てなくなります。口の達者な女の子にやり込められて、べそをかいている男の子もよく見受けられます。どういうわけか女の子は早くからことばに長け、その威力を駆使できるようです。とくに、驚嘆すべきは、近くにいる友だちの耳元でささやきながら（実はたいしたことを言っていなかったり、何も言っていなかったりするのですが）、相手をにらむような行為です。にらまれた子どもは、自分だけ仲間外れにされたと思ってか、目から涙が出てしまいます。これは友だちを悲しませる意地悪な行為なのですが、意地悪できるということは、思いやることもできるということを意味します。このような相手の心を読む能力が、ことばとともに発達してきます。その能力は、ケンカのときばかりではなく、友だちを思いやり、優しくするときにも発揮されます。

学生　そうそう、ことばは女の武器です。

先生　5歳にもなると親の前と友だちの前とで、ことばを使い分ける子どももいます。役員会などで園に来ていた母親を見つけて「ママに会えて、嬉しい」と呼びかけながら、母親がいなくなると友だちに対して「うちのママは、鬼婆《おにばば》」と吹聴《ふいちょう》したりする。つまり、相手や状況に応じて、態度を変え、ことばを換えるわけです。良くも悪くも、子どもたちはこうした言語能力を培って小学校に入学します。

学生　その結果、この私が「おばさん」と言われる羽目になります。

先生　そういえば、私たちが子どもの頃、子ども同士で「悪口」の言い合いを楽しんでいました。「バカ」とか「オタンコナス」とか言い合いながらエスカレートしていくのですが、引き際が肝心です。相手が本当に凹《へこ》んでしまったら遊びにならないので、ぎりぎり反発して言い返せるような「悪口」を言うわけです。これは、きわどい遊びで、相手が一番に気にしていることに触れてしまうとケンカになってしまいます。

学生　悪口は悪いことと教わってきたので、悪口をあまり知りません。それに相手が傷ついてしまうので迂闊《うかつ》に言ったりできません。

先生　その割に、私には鋭い突っ込みが入ってきますね。

学生　先生は大丈夫です。打たれ強いし、それに結構言い返してくるので、突っ込み甲斐《がい》があります。

先生　悪口しりとりについて来られますか？　みなさんがよく使う「うざい」から始めましょう。

学生　最近は「うざい」ではなくて、「うざっ」ですが、まあ許してあげましょう。↓（学生）「いばりんぼう」↓（先生）「うそつき」↓（学生）「きらわれもの」↓（先生）「のろま」↓（学生）「まぬけ」……。

先生　あなたはしぶといですね。年齢の割に悪口をよく知っています。じゃ、弟さんと言い合いをして、「おまえのかあちゃん、あかでべそ」はありますか？

学生　さすがにそれはないです。

先生　先日、学童保育の研修会で、参加者の方から「今、指導員は子どものことばに傷ついている」という話を聞きました。そこで、早速アンケートをしてみました。子どもからどのようなことばを浴びせられているのか、ダントツの1位はやはり「くそばばあ」でした。あなたが言われた「おばさん」など、かわいいものです。

学生　そうは言っても、先生と違って繊細な女性は、傷ついてしまいます。で、ついでに2位以下も教えてください。

先生　2位は「死ね」、3位は「あっち行け、来るな」、4位同数で「うるさい、だまれ」「うざい」、6位は「他の先生の方がいい」、その後定番の悪口として「でぶ」「きもい」等々が続きます。

学生　非道いです。どれも気持ちがいいことばではないし、そんなことを子どもから言われたら悲しいです。

先生　それで、学童保育の仕事を辞めたくなったりするそうです。

学生　では、子どもからそのようなことばをぶつけられたとき、どうしたらいいのですか？

先生　「くそばばあ」と言った子どもに対し、いかにそれが人を傷つけることばであるのか、言われた方はいかに悲しい思いをするのか、語って聞かせるというのはどうでしょうか？大人の迫力に圧倒され、泣きながら「わかった。もう言わない」と答える子どももいるかもしれません。

学生　愚かな男子など、そんなことでへこたれません。もっとエスカレートしてきます。

先生　子どもの方はことばを、漠然とですが、「楽しいことば」と「まじめなことば」に区別しているようです。だから、ある雰囲気のなかで言い過ぎてしまうようです。

学生　「人を傷つけることば」と「人にやさしいことば」の区別くらい知ってほしいですね。

先生　マスメディアをはじめとして、現在の文化状況では、ことばがかなり乱暴に使われていませんか？ ことばの文化全体を豊かにしていきたいものです。

学生　このまま進行したら、ビミョウにヤバイですよね。

先生　まさにそうです。「ビミョウ」に「ヤバイ」です。私はその意味がわからず、辞書を引いてみました。辞書（広辞苑第6版）には、微妙について「①美しさや味わいが何ともいえずすぐれているさま。②細かい所に複雑な意味や味が含まれていて、何とも言い表しようのないさま」と記されています。

学生　でも、私たちが何かを食べていて「ビミョウ」と言えば、どちらかと言えば「あまり美味しくない」ということです。

先生　また、辞書では「ヤバイ」について「不都合である。危険である」と記されています。

学生　私たちにとって、「ヤバイ」は「美味しい」という意味です。正確には「やばっ」ですが。

先生　その言い方は練習しないとできませんね。言い方もですが、ことばの意味そのものが状況依存的です。いにしえから使われていることばほどそうですが、同じことばが状況によって正反対の意味をもつのです。「ビミョウ」も「ヤバイ」もプラスの意味にもマイナスの意味にもなります。だから、歴史的観点からすると、辞書よりもあなたたちの方が正しい使い方をしているとも言えます。

学生　そう言って褒めてもらえると嬉しいです。

先生　しかし、状況依存的なことばや言い回しは、勘のよい子どもには理解されても、そうでない子どもにとっては難しいのです。子どもは相手や周りの様子を伺いながら、時間をかけて理解していかざるをえないのです。

学生　要するに、私のように「察しがいい」人でないといけないわけですね。

先生　あなたの場合、「察しがいい」のは、ことばより食べ物についてのようですが。

学生　まあ、当たらずとも遠からず、ですね。

先生　ここでは、あまり逆らわないことにして、子どもの話に戻ります。たとえば、ケンカで暴力をふるった子どもに対して、「なぜそんなことしたのか」という問い詰め方と「どうしたかったのか」という聞き方とは、どちらがよいでしょうか。

学生　あまり考えたことがありませんでした。

先生　これは『学童保育と子どもの成長』という本のなかで心理学者の乾孝《いぬいたかし》（1911〜1994）の話として出てきます[1]。似ているようでも2つの問い方は、方向が正反対です。一方は過去（言い訳）に向かい、他方は未来（改善）に向かっています。自分自身の気持ちを整理する力が育ちつつある子どもには、多くの場合後者の問いかけの方がふさわしいでしょう。

学生　心理学者は、そんな細かなことも考えるのですね。

先生　大人は子どもに対して大らかであってよいのですが、事の本質にかかわることば遣いについては細やかでありたいものです。よく「子どもは親の背中を見て育つ」とか「子どもには毅然とした態度が大事だ」とか言われます。しかし、姿勢や態度だけで伝わるほど、子どもは甘くありません。少なくとも子どもにはことばできちんと伝えることが必要な場合があります。ことばが伝わるためには、子どもがことばに敏感になってくれないとうまくいきません。そして、そのためには大人自身がことばに敏感でなくてはなりません。

学生　その通りです。「学生は子どもではない」と言われますが、私たちは先生のことばに随分傷ついているかもしれませんよ。

先生　でも、あなたの傷はケーキですぐ治るので、心配ないでしょう。

学生　ケーキでなくとも癒《い》えます……。ではなくて、そういう言い方が傷つけるのですっ。

注

（1）大塚達男　学童保育と子どもの成長――生活づくりの視点　一声社　1986

第12章　社会認識の発達

「生きている意味とは何か」――今日は先生に重大な問いを投げかけ挑んでいくしずくさん。ところが、山戸先生はイヤホンで何かを聴くことに夢中で、しずくさんに気づきません。やっと気づいてくれたと思ったら、反対にしずくさんは先生から質問攻めに遭います。「あなたはお金持ちになりたいですか?」「みんながお金持ちになれますか?」。そして、子どものインタビュー資料を見せられ、子どもの思考について知ることになります。

学生 生きている意味って、何でしょうか?

先生 えっ?

学生 今日はバウムクーヘンくらいじゃごまかされませんよ。それから、私のことをおだてて、気立てがいいとか、おしゃれだとか、賢いとか、美人だとか言ってもダメですよ……。先生、聞いているんですか? 何をしているんですか?

先生 何か言いましたか? 今イヤホンで、子どもとのインタビューを聴いているところでした。あなたも聴いてみますか?

学生　何のインタビューですか？

先生　お金のことですよ。あなたも興味があるでしょう？

学生　それは大ありです。

先生　あなたはお金持ちになりたいですか？

学生　もちろん、なりたいです。

先生　それはどうしてですか？

学生　好きな物が食べられるからって、答えると思っておいでですね？　その通りですよ。

先生　どうしたら、お金持ちになれますか？

学生　それは、一生懸命働いて、節約して貯金することです。

先生　みんながお金持ちになれますか？

学生　それは、難しいでしょう。病気をして借金をして、利息の取り立てでいじめられて、なんて人もいるかもしれないし、悪い男にだまされて、貯金したお金を取られてしまう人もいるかもしれません。

先生　他にも、みんながお金持ちになれない理由がありますか？

学生　日本には、みんながお金持ちになるほどお金がないでしょう。国全体が借金しているようだし、みんなは無理じゃないですか？

先生　こうした質問を子どもにしてみました。テープ起こしをしてから聴き直しているのですが、それがなかなか面白いのです。ここに資料があるのでご覧になりますか？

学生　はい。ぜひ見せてください。

先生　それでは、子どもの社会認識に関するインタビュー資料をどうぞご覧ください。[1]

＊＊＊＊＊＊＊＊＊＊＊＊＊＊＊＊＊＊＊＊＊＊＊＊＊＊

【インタビュー資料】

①　個人的経験を基礎にして形成される「対による思考[2]」

子どもは、「お金持ち」を何かと結びつけて理解しようとする。その何かは、「宝物」であったり、「貯金」であったり、「仕事」であったりする。こうした段階の思考は、移ろいやすく儚いものであり、それを支えているのが「対」である。

K・T（女）　6歳10カ月

お金持ちになりたいですか、Tちゃんは？——「うん、なりたい。」——（中略）——どうしたらお金持ちになれるかな？――「えっとー、宝物で。」

K・I（女）　6歳9カ月

どうやったら、お金持ちになれるんだろう？――「お金、ためる。」――うん、そっか。じゃ、みんながお金持ちになることできるかな？――「みんながね、お金をね、ためたらできる。」

I・R（男）　7歳1カ月

どうしたらお金持ちになれるかな？――「働いたら。」――（中略）――周りの人みんながお金持ちになれるかな？――「わからん。」――なんでわからん。Rちゃんだけがお金持ちになれるのかなあ。周りの人はどうかなあ？――「なれる。」――だったらね、どうやったらなれるかなあ？――「他の人も働く。」

S・A（男）　7歳8カ月

どうやったらお金持ちになれますか？――「お金使わんかったら。」――（中略）――みんながお金持ちになることができますか？――「できると思うよ。」――どうしたらいいかな、どうしたらみんながお金持ちになれるかな？——「みんなが？……お金持ち……お仕事ね、お仕事したりね、何も食べずにね、お金だけ残したらいい。」

② 区別の基準と動揺

子どもは、働くとお金になることを見聞きしている。しかし、現実にはみんながお金持ちではないこともわかってくる。では、どうしてお金持ちとお金持ちでない人がいるのだろうか。それを区別するために、子どもはさまざまな理由を考えなくてはならない。こうした葛藤のなかで、思考の発達の芽が生まれる。

H・A（男） 8歳9カ月

どうしたらお金持ちになれると思う？——「働く。」——誰が働くの？——「自分。」——それじゃあな、みんながお金持ちになることはできるかな？——「できん。」——なんで、なんでみんながお金持ちになることできん？——「……偉い人じゃない。」

O・A（男） 10歳

みんながなお金持ちになることができるかな？——「わからん。」——どう思う？ みんながなお金持ちになることができるかな?――「人もいるし、できない人もいる。」――できない人もいるし、できる人もいる。ふーん、どうしてできる人とできない人がいるの?――「わからん。」――考えてみて。――「自分。自分しだいっていうけどよくわからん。」

F・H（女）10歳

どうしたらお金持ちになれるかなあ?――「一生懸命働く。」――（中略）――みんながお金持ちになれると思う?――「思わん。」――どうして?――「なまけとる人がいる。」――何になまけとる人だ?――「仕事とか。」

M・K（女）10歳4カ月

どうしたらお金持ちになれると思う?――「働いたら。」――働いたら、みんながお金持ちになれるの?――「うん」――なんで?――「えっとね、すごく働いてね……」――……じゃ、みんなが働いたらお金持ちになれる?――「……みんなが働いたらお金持ちになれるってことじゃないかもしれん。」――どうして、みんなが働いたらお金持ちになれんだ?――「いろんな物を運んだりして、すごい働いてね、お金がもらえんかもしれん。」――どうして?――「えっとね、あれね、あんまりね、働かん人がいるかもしれん。」

K・M（男） 10歳11カ月

どうしたらお金持ちになることができると思う？――「一生懸命働く。」――みんながお金持ちになることができると思うか？――「いやー。」――どっちかと言えばどう思う？――「なれん。」――なれん、なれる、どっち？――「なれん。」――じゃあ、それはどうしてなれんのかなあ？――「あんまり、はたら……」――あんまり？――「あんまり働いてない。」

③　**社会全体の客観化**

個人の意識から独立したものとして社会を表象することは、なかなか困難な課題である。以下の事例は、働く場所を手がかりに、社会全体を表象しようとしている。

M・S（女） 11歳7カ月

お金持ちになりたい？――「なりたくない。」――なりたくないか。じゃな、お金持ちになりたい人がおったとするが、いったいどうしたらお金持ちになれると思う？――「えっとね、自分で働いたりして、お金をためる。」――働いて、お金をためたらお金持ちになれるだか？――「んー、うん。」――そうか。じゃね、みんながお金持ちになることできる？――「ううん。」――できないの。じゃ、どうしてできないの?――「えっとね、全員が働くことはあまりできないし、みんながまた、働けるってわけでないし……そいでね、働いたりするの……それで、全員が働くことはできない。」――全員が働くことができないからお金持ちになることはできないのか?――「うん。」――どうして全員が働くことができないのかな?――「まだ子どももいるから。」――じゃ、働ける年齢になったら、みんな働ける?――「働く場所そんなにたくさんない。」――どうしてたくさんないの?――「えっと、みんながお金をほしいから、いろんなとこ行って働いたらなくなってしまう……みんなが。」

＊＊＊＊＊＊＊＊＊＊＊＊＊＊＊＊＊＊＊＊＊＊＊＊

先生　いかがでしょうか?

学生　私の回答は小学校中学年レベルでした。しかし、この問題はかなり難しいですよね。お金持ちといっても私の周りにはあまりそういう人はいないし、想像してみてもダイヤの指輪やロールスロイスの車、大邸宅くらいでしょう。会ったこともない人も含めて、みんなのことを考えさせるなんて無謀です。こんな質問に対して、よく子どもたちは嫌がらずに答えてくれますね。

先生　それが不思議なところです。私は学校で習うような知識についての質問はしません。子どもたちは自分の頭を振り絞って答えなければなりません。なのに、喜んで答えてくれます。

学生　終わったらご褒美をあげたりするのですか？

先生　それはありません。だいたい小学校などにお願いして研究に協力していただいているので、お菓子など配ることはありません。

学生　私は「ご褒美」と言っただけですが、私が言うとなぜ「お菓子」になるのですか？

先生　確かに、「ご褒美」でしたね。私の頭で勝手に「お菓子」に変換されてしまったようで、おかしな話です。

学生　ダジャレで逃げようとしていますね。

先生　お菓子だけに、甘いですか？

学生　ご褒美がダジャレだったら、子どもたちはかわいそうです。だったら、正解がないところが面白いのでしょうか？

先生　あるとき、子どもに言われたことがあります。「子どもの話を聞いてくれる大人はめずらしい」と。

学生　そうかもしれません。大人は子どもに命令口調だったりして、評価的な姿勢で話しかけることが多すぎます。大学の講義も90分間も続くので辛いです。

先生　この資料で面白いのは、狭い範囲の「対による思考」に始まり、その対の増加によって、物事を多面的に理解するようになり、やがて小学校高学年頃から、自分とみんなとを区別しながら、みんながお金持ちになる方法を考える子どもが出現します。そして、ある程度安定した社会的表象を得るようになります。[3]

学生　それはわかります。3つの水準——「対による思考」「区別の基準と動揺」「社会全体の客観化」も納得できるところもあります。

先生　対だけに、ついにわかってくれましたか？

学生　私は真面目に考えているんです！

先生　すみません。それからもう1つ面白いのは、葛藤です。働くとみんなお金持ちになれるという認識と、働いてもお金持ちとお金持ちでない人がいるという認識との間でどのように折り合いを付けたらよいのでしょうか？　石川啄木（1886～1912）の詩集にありますね。[4]

はたらけど
はたらけど猶《なお》わが生活《くらし》楽にならざり
ぢっと手を見る

先生　これを引き合いに出さなくても、こうした葛藤は、大人も常日頃抱え悩みながら暮らしています。大人だってすぐには解決できないのですから、子どもができることは当面葛藤を保つことです。葛藤を保つなかで、思考の粘り強さを鍛えられます。

学生　先生の粘り強さについてだけは感心しますが、そのおかげで私は葛藤の連続です。

先生　学習においては、どれだけできなかったことができるようになり、わからなかったことがわかるようになったかが評価されます。できなかった時期、わからなかった時期の意味についてはあまり検討されません。しかし、発達においては、そうした時期の豊かさに注目します。

学生　葛藤状態に意味があるということですか？

先生　当然です。人生、葛藤の連続ではありませんか？　1つを解決しても次の葛藤が迫ってきます。

学生　意味深長《いみしんちょう》なことをおっしゃるのですね。

先生　今日は気分がいいので、夜はご飯を2杯いただくか、それとも1杯にしてデザートにするか、これから葛藤します。

学生　先生を少し尊敬しかけたのに、私は損した気分です。

先生　ところで、「生きている意味」って何のことですか？

学生　それはですね……。ええ、聞こえていたのですか？　それなのに聞こえないふりをしていたんですか？

先生　はっきり聞こえていたわけではありませんが、少し難しそうな質問だったから、自然と他の話になってしまいました。

学生　非道いです。といっても、先生に正解《こたえ》を期待していたわけではないから、結構です。アルバイト先で失敗を繰り返し、役に立たない人間だと言われ、実習に行ってもうまくいかなくて、私には適性がないのではと悩み、それなのに友だちには悩みがない人間と思われているらしいし、お腹も空いてくるし、お金も貯まらないし……。あっ、またイヤホンですか？

注

（1）今回の対話資料は、以下の文献から引用しています。
田丸敏高　子どもの発達と社会認識　京都・法政出版　1993

（2）対による思考について詳しく検討しているのは、以下の著書です。
ワロン・H　滝沢武久・岸田秀訳　子どもの思考の起源〈上〉　明治図書出版　1968

（3）蛇足ですが、子どもの思考を発達させるために、子どもにインタビューしましょうということではありません。実際は、むしろ遊びや生活のなかでこそ、子どもはもっとも葛藤し、真剣に思考していると思います。

（4）石川啄木　1910　一握の砂　青空文庫　1998年8月11日公開2011年4月27日修正（底本：「日本文学全集12　国木田独歩　石川啄木集」集英社　1967（昭和42）年9月12日初版発行）

第13章　発達の段階と発達の危機

しずくさんは、食べる時間を惜しんでレポートを書いて出したのに、担当のB先生から「今どきの学生は本を読まない」とお叱りを受けてしまいます。そして、無念さを訴えようと山戸先生を訪ねます。「今どき」ということばは昔から使われていたようです。そして、大人たちは昔から自分を基準にして子どもを見る傾向にあったこと、そしてその傾向を克服するためには発達理論が必要であることを説かれます．話はいよいよ発達心理学の核心へ向かっていきます。

学生　非道いと思いませんか？ 食べる時間を惜しんでレポートを書いて出したのに、「今どきの学生はなっていない。本を読まないからろくなレポートも書けない」なんて。

先生　そのような場合に惜しむのは、「食べる時間」ではなく「寝る時間」ではありませんか。

学生　そういう言い方もあるかもしれませんが、私は断然「食べる時間」の方が惜しいです。

先生　確かにそうですね。あなたが食べるものも食べずにレポートを書くのは、凄まじい努力であったと思います。

学生　いや、まったく食べなかったわけではなく、お昼ごはんを簡単にして、うどんとおにぎり、おせんべいくらいにして、もちろんうどんには玉子を入れましたが、ともかく必死に我慢して、レポートを書きました。

先生　我慢したことになるかどうか、一般的には何とも言えませんが、ともかくいきなり叱られたわけですね。

学生　間が悪いことに、B先生はそのとき他の人のレポートを読んでいらっしゃいました。そして、私のレポートを受け取るなり、目を通す前から不機嫌な様子で、受講学生代表のようにして一喝されてしまいました。

先生　それは不運でしたね。

学生　冷静に考えれば、私にも多少の非はあるのですが。

先生　まさかレポートの題名を間違えたとか？

学生　さすが心理学の先生、よくわかりますね。ただそれだけではなく、B先生のお名前も間違えて、要するに他のレポートの表紙をつけてしまい、さらに提出日も1日遅れるというミスも重なってしまいました。

先生　そんなに重なってしまって、それでレポートを受け取ってもらえたのでしたら、むしろ物怪《もっけ》の幸いで、B教授は仏様のような方ではありませんか？

学生 そう言われるとそのような気がしてきますが、やはり必要なのは感謝の気持ちですか？

先生 あなたにとっては、感謝すなわち幸運《ラッキー》でしょう。

学生 それはそれとして、「今どきの学生」という言い方には引っかかるところがあります。先生もそういう言い方をなさいますか？

先生 ときどきします。「今どきの学生はスマホにすぐ適応できてうらやましい」とか「今どきの学生はアルバイトに疲れていても試験はできてすごい」とか、たまに口にすることがあります。

学生 少し意味が違うようですが、やはり「今どきの学生」と言うことについては同罪と見なしましょう。

先生 同罪と見なされると、処罰されるのですか？

学生 罰金刑に処したいところですが、私に免じてお金でなくてお菓子でも許して差し上げましょう。

先生 ちょうど以前いただいた葡萄大福《ぶどうだいふく》があるので、どうぞ。

学生 えっ、いいんですか？

先生 賞味期限が昨日になっていますが、あなたなら大丈夫でしょう。

学生 健康についてそんなに褒めていただかなくても、葡萄大福はいただきます。

先生　褒めたわけではなく、本当の賞味期限は明日なのに少し嘘をついて、あなたがひるむところを見たかったのですが、無駄でした。

学生　ごちそうさまでした。先生は幸せですね。こんな美味しい物をお土産にいただけるなんて。

先生　確かに幸せには違いありませんが、お土産の大半はあなたたち学生の胃のなかに収まっています。

学生　幸せは素直に幸せと認めた方がいいですよ。それはそれとして、「今どきの学生」という言い方は「今どきの先生」が使い始めたのですか？

先生　「今どきの学生」というより「今どきの若者」という方が一般的で、私たちも言われ続けてきました。

学生　それでは、太古の昔からそういう言い方が存在したのですね。

先生　太古と言うほどではありませんが、私が学生の時代にもありました。

学生　先生の若い頃からと言えば、太古も同じ。その時代は恐竜がいませんでしたか？

先生　恐竜はいませんが、怪獣ならいましたよ。

学生　本当ですか？

先生　キングコングとかモスラとか、いろいろな怪獣がいましたが、私はゴジラが好きでした。

学生　また、冗談ですか？　口から火を噴《ふ》きますよ。

先生　歳をとると、口から火は出ませんが、代わりに口をついて出やすいことばがあります。「昔はよかった」それに引き替え「今どきの子どもは」あるいは「今どきの若者は」ということばです。

学生　そんな子どもや若者に育てたのは、一体誰ですかと言いたくなります。

先生　大人には、自分自身を基準にして子どもを見る傾向が逃れがたく存在しています。これはまさしく大人の自己中心性ですが、それに気づかず、上から目線で、子どもを大人と比べようとします。そして、子どもが大人にどれだけ近づいてきたかという点から、子どもの成長を理解しがちです。放っておくと、大人は自分が獲得してきたと信じている能力の一部しか、子どものなかに見出すことができません。子ども世代が大人世代を乗り越えて発達し、社会を進歩させ歴史を築いてきた事実を見逃してしまいます。

学生　そうしたら、もう救いようがないじゃありませんか？　大人と子どもとの対話が成り立つ余地がありません。

先生　「発達」は、大人が狭い子ども観から脱却し、真に子どもと向き合うために必要な考え方でした。発達的な考え方の基本は、大人を基準にして子どもを理解するのではなく、子どもを基準にして子どもを理解することです。

学生　つまり、子どもを基準にして子どもを理解するために、発達理論が必要だったということですね。

先生　察しがいいですね。

学生　だから、察しはもともといいのです。

先生　では、発達理論の核心は何でしょうか？

学生　何でしょう。まさか台風の目のように、何もないということではないですよね。

先生　着眼点はいいですが、今回はそういうわけにもいきません。発達理論の核心と言えるのは、「発達の段階」と「発達の危機」という2つの概念です。

学生　今度は2つあるのですか？

先生　1つでは、発展性がないのです。補いつつ対立するような2つがあって、物事は発展します。あなたと私の対話もそうでしょう。1人で発達について考えても、考えは発展しません。

学生　先生も私がいるおかげで考えが発展するということですね。

先生　そっちできましたか？　まっ、そういうことにしておきましょう。

学生　「発達の段階」と「発達の危機」とが補い合ったり、対立し合ったりという話のようですが、そもそもそれぞれの用語にはどのような意味があるでしょうか？

先生　発達の段階と似た用語で、発達の時期区分があります。以前お話ししたように、発達について学ぶときも、年齢に即して大まかに時期を区切り、その時期ごとの特徴を知ることを通じて、発達過程を理解します。おおよそ6歳から12歳までを児童期と呼ぶというのは、発達の時期区分です。発達の遅い早いの個人差はあっても、児童期という時期を生きる子どもには、その時期に共通の発達的特徴が存在しています。そのため、あえて発達の時期区分と発達の段階とを区別しない学者もいます。

学生　区別が増えると覚えなければいけないことも増えるので、できるだけ少ない方がいいです。

先生　1つの時期と1つの段階とが対応しているならば、それでいいかもしれません。しかし、発達の時期と発達の段階とがずれていたり、1つの時期に複数の段階が存在していたりしたらどうでしょうか?

学生　それは、斬新な考え方ですね。

先生　私は小学生年齢にあたる児童期は、後者のように考えざるをえないと思っています。つまり、思考の発達の面でも、言語の発達の面でも、社会性の発達の面でも、児童期には共通の特徴が見られますが、同時にそれぞれの面において対立する段階をはらんでいると。

学生　それで、発達の段階とは一体何でしょうか?

先生　具体的に考えてみたいと思います。そのために、まず3人の茶髪の女性に登場してもらいます。名前は、まさこさん、ひとみさん、ともこさんです。髪の毛の色を比べると、ともこさんはひとみさんより明るい色です。また、ともこさんはまさこさんよりも濃い色です。それでは、3人のなかで、髪の毛が一番明るい色の人は誰でしょうか？

学生　ちょっと待ってください。これって何かのテストですか？ とりあえず答えを教えてください。

先生　こうした問題に直面したとき、解決するために2つの方法があります。1つは論理学的な方法です。名前や性別などは意に介さず、まさこさん、ひとみさん、ともこさんをそれぞれA、B、Cとします。そして、「A>B, A<CであるからC>A>Bとなり、ゆえに、一番明るいのはCである」と考える方法です。もう1つはイメージ的な方法です。これは、知人で茶髪の女性を3人思い浮かべ、それをまさこさん、ひとみさん、ともこさんとして呼び変えて、実際に髪の毛が一番明るい色の人に対応させて解答する方法です。

学生　2つの方法では、頭の使い方がかなり異なりますね。

先生　むしろ、反対方向を向いていると言ってもいいでしょう。前者は、課題を抽象化する方向で解決を目指します。後者は、課題を具体化する方向で解決を目指します。両者では、同じ課題に立ち向かっていても、思考という活動の心理的基盤が異なる、つまり発達段階が異なると考えられます。

学生　大人は前者の解き方をし、子どもは後者の解き方をするということですね。割り切ってしまえば、大人は抽象的段階、子どもは具体的段階ということです。やはり、私は察しがいい。

先生　しかし、実際はどうでしょうか。あなたはどちらの方法で解きますか？

学生　正直なところ、私は不等号とあまり相性が良くなくて、絵の方が納得できます。

先生　大人も人によって、得意不得意があるでしょうし、必要に応じて抽象的方法も具体的方法も使い分けているとも言えます。大人であっても、論理に自信がないときは、画帳とクレパスを取りだし、3人の女性の髪の毛を塗り分けてみてはじめて、納得できます。大人は抽象的思考の段階にあるといっても、いつも論理的に考えているわけではありません。

学生　そう言っていただけると、普段の私が認められたようで嬉しいです。

先生　あなたの場合、「ショートケーキはチーズケーキより大きい。ショートケーキはチョコレートケーキより小さい」という課題ならば、誰よりも早く解答できるのではありませんか？

学生　巨大なチョコレートケーキが目の前に迫ってきました。

先生　誰も巨大とは言っていませんが、あなたの目の前に浮かんでいるのは確かなようです。いつまでもうっとりしていないで正気を取り戻してください。次の問題1に挑戦してみてください。

★ 問題1

「表が母音字なら、裏は偶数だ」というのが正しいかどうか調べたい。下のカードのうち、どれを裏返してみる必要があるか。

E	K	4	7

学生　なかなか難しそうな問題ですね。「E」のカードをとりあえず裏返してみます。

先生　「E」のカードを裏返してみることは誰でもすぐ思いつくでしょうが、もう1枚裏返してみなければならないカードがあります。

学生　ならば、それは「4」のカードではありませんか？　表が母音字かどうか確かめる必要があります。

先生　かつて数学で学んだ論理「AならばBであるということは、BでなければAでない」を思い出した人は、「裏が偶数でない」というカードとして、「7」を裏返す必要があること（正解）を発見したことでしょう。反対に、抽象化の方向をたどらず、あれこれ具体的なことを考え始めた人は、迷い続けたかもしれません。

学生　正解は「4」ではなく、「7」なのですか？

先生　実は、これは「Wason（ウェイソン）課題」という有名な課題で、正答率が非常に低い（大学生でも10％に満たない）

★ 問題2

「手紙に封がしてあれば、80円の切手が必要だ」という規則に合致しているかどうか調べたい。どの封筒を裏返してみる必要があるか。

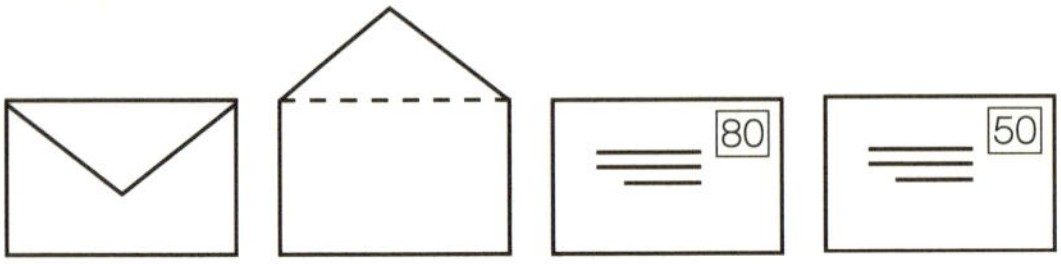

ことがわかっています。ところが、形式的には同じ課題を、少し修正するだけで、急にやさしくなります[1]（問題2）。

先生　いかがでしょうか。これならば、50円切手の封筒を裏返して封をしてあるかどうか確かめなければいけないということが発見しやすいのではないでしょうか？

学生　封がされているのに、50円切手では届かないですね。

先生　こうした課題を用いた実験結果が意味しているのは、大人でも状況依存的に具体的な事柄に即して考える方に分があるということです。発達段階として抽象的思考の段階とはいうものの、実際のところは、抽象的思考をそれほど使っているわけではなく、日常的には具体的思考に頼っているのでしょう。ただ、大人は2つの思考の発達段階を区別し、普段は具体的に考えていても、必要に応じて論理的思考を意識的に選んで用いることができるという点で、子どもとは異なります。

学生　先生、大事なことを忘れていますよ。消費税が8％になってから、50円切手も80円切手も料金不足です。生活感が乏しいですね。

先生　あっ、そうでしたね。メモ帳に記録しておかないと。

学生　先生が消費税を8％と覚える頃には、消費税は10％に上がっていますよ。

先生　それじゃ、いつまで経っても追いつかないではありませんか？

学生　また、先生の弱みを見つけてしまいました。生活感は小学生レベルという。

先生　以前、小学生の娘を連れてスーパーに行ったときのことです。今日は父親と買い物ということで特別サービスしようと、イチゴのパックをかごに入れました。

学生　微笑ましいですね。先生がお嬢さんに連れられてお買い物なんて。

先生　私が連れて行ったつもりでしたが、実は娘に連れられていたようでした。そして、イチゴの選び方について注意されてしまいました。「父さん、イチゴを選ぶときは下から見て調べるんだよ。どこのイチゴも上の方はできの良い粒をのせておくけど、下の方までしっかりしていたらいいイチゴで、下が腐りかけていたらやめたほうがいいんだよ」と。

学生　結局、先生の選んだ物は全部元のところに戻され、お嬢さんの選んだ物がかごに残ったのでしょう。

先生　察しがいいですね。

学生　これは察しの問題ではなく、先生の言動を見ていたら誰でもわかります。現象も本質もなく、科学も必要ありません。

先生 分が悪くなってきたので、子どもの発達の話に戻りましょう。児童期の子どもは、具体的思考も発達途上にあるし、抽象的思考はこれから発達し始めるというところに位置します。後者について言えば、教育の影響抜きには考えられません。先ほどの茶髪の比較問題でも、教師ならば、たとえば半具体物を用いて、髪の明るさを棒の長さに置き換え、長い順から一列に並べ替えて、それを見ながら解決を子どもに促すでしょう。そうすることによって、半具体物に依拠しながら、論理的思考の初歩的段階を形成することができます。

学生 それなら、わかりやすいですね。

先生 しかし、ここで留意しなければならないのは、未熟なのは抽象的思考だけでなく、具体的思考も発達途上であるということです。現実にあるものを前にして、それを比較したり、分類したりしながら、考えることも、子どもにとっては課題なのです。からだを使って体験したことを、言語を使って経験に変えていくことが課題であると言い換えてもいいでしょう。

学生 そうした子どもの思考の特徴を解く鍵が、発達段階ということですね。察しがいいでしょう。

先生 その通りです。ただ、問題は発達段階だけではないのです。児童期は2つの発達段階が少し時間をずらしながら発達し、それらが対立している時期であり、ときにその対立があらわになり「発達の危機」の様相を呈します。そうなると、具体的に考えた方がいいのか、抽象的に考えた方がいいのか、わからなくなり、混乱して思考がうまく働かなくなります。たとえば、はじめて分数の割り算を習ったときを思い出してください。3分の1で割ると、割ったのにもかかわらずもとの数より増えてしまうことにすぐ納得できましたか？「割る」ということについて、具体的イメージと数学的な意味との間で戸惑わなかったですか？

学生　ここで、「発達の危機」のご登場ですか？

先生　ただ、戸惑うだけでしたら、これも1つの経験です。この経験を通じて、子どもは「わからない」時間を楽しめる能力を身に付けるかもしれません。「9、10歳の節」と呼ばれている時期が、単なる発達の節目ではなく、「発達の危機」の様相を呈するのは、子どもの置かれている現実――からだと環境と他人――ゆえということになります。

学生　発達の危機は自然現象ではないのですね。

先生　現代のように社会そのものが危機にあるとき、子どもはその影響をまともに受けることになります。災害、放射能汚染、不況、貧困、政治不安、親の低賃金労働や失業、就職難、地域崩壊、窮屈な教育課程と教師の多忙化……、どれをとっても子どもに大きな影響を与えずにはおきません。「わからない」ことが勉強嫌いや自信喪失につながりかねません。

学生　消費税が上がったことを知らなくても、社会のことを考えている。先生は不思議な方ですね。

注

（1）この課題については、以下のなかで詳しく紹介されています。
波多野誼余夫　第4章　演繹的推論　佐伯胖編　認知心理学講座3　推論と理解　東京大学出版会　1982

第14章　教育と発達

心理学について知識がだいぶ増えてきたしずくさんは、「心理学は役に立つのか」という疑問に直面します。しかし、山戸先生に聞いてみてもまったく答えてくれず、かえっていろいろな質問をされることになります。教育にとって「効率」は大事なことか？　心理学は効率的に教えるため「役に立つ」学問なのか？　心理学を学ぶことでいろいろな思い込みを反省し、時代を超える新しい価値を発見できそうです。

学生　心理学って、何か役に立つのでしょうか？

先生　何かありましたか？　レポートの課題が出たとか。

学生　そういうことではなくて、これから専門分野の選択をしなければならなくて、どうせ勉強するなら役に立つことをすべきだとみんなが言うもので。

先生　あなたもそう思っているのですか？

学生　私は、純粋に心理学に興味をもっています。ケーキを選ぶときだって、美容にいいとか、低カロリーだとか、そんな理由で選ぶわけではありません。純粋に美味しそうと思って選んでいます。

先生　だったら、専門分野も純粋に選んだらどうですか？

学生　でも、役に立たないとわかっていて選ぶのも自信がもてないし、ケーキだってたまに食べるだけだから美味しいで十分ですが、つくる側にまわるとすると自信が揺らぐわけです。

先生　なるほど。

学生　それに、テレビでやっている性格心理などは楽しいけれど、大学の心理学は理屈っぽくて難しそうです。

先生　今いいことを言いましたね。その「ケーキを食べる側とかつくる側とか」という話。

学生　すみません。心理学とケーキとを一緒にするなんて、不謹慎ですよね。

先生　別にそういうことではありませんが。

学生　ケーキさんに申し訳ないとお詫びします。

先生　あっ、そちらですか？

学生　で、私がいいことを言ったというのは、どんなことでしょうか？

先生　大学は、先人が明らかにした知識を学ぶだけでなく、新たな知識を創造していく場だということです。ケーキでいえば、食べるだけでなく、つくる側にも立ってみると言えます。つくる側に立ってはじめて見えてくることもあるでしょう。

学生　そうですね。材料一品ずつ味見ができるし、大きさや色合いも工夫できるし、何だかクリエイティブで楽しそうです。で、心理学はケーキづくりの役に立つのでしょうか？

先生　私は、「ケーキの心理学」より「羊羹の心理学」のほうに惹かれます。

学生　「お寿司の心理学」や「ラーメンの心理学」もあるといいですね。何だか心理学って楽しそうですね。それで、先生はどんな食べ物について研究しているのですか？

先生　いや、今は食べ物について研究してはいないのです。

学生　じゃ、飲み物の方ですか？

先生　いや、飲み物でもありません。

学生　じゃ、一体何を研究しているのですか？　また、子どもの何チャラとか言ってごまかすのではないでしょうね。

先生　別に、ごまかしてはいません。子どもの食事についてならば、研究したことがありますよ。

学生　何だか怪しげですね。まさか子どもを食べる妖怪について調べているのではないでしょうね。

先生　あなたの発想は奇抜ですね。

学生　先生の話ほど唐突ではありません。

先生　あなたは「発達と教育」について考えたことがありますか？　このテーマは、前回話題になった「発達の段階」や「発達の危機」と深いところでつながっていて、心理学に求められていることが明瞭になるのです。

学生　そんな難しいことを突然聞かれてもわかりません。先生の話はいつも唐突です。

先生　「子どもを食べる妖怪」よりはだいぶましだと思います。ところで、あなたは、教育というとどのようなことを思い浮かべますか？

学生　それは学校です。小学校や中学校、高等学校、それから幼稚園や大学も学校ですよね。

先生　塾やスイミングスクールでも教育は行われています。また、社会教育や家庭教育と呼ばれる教育もあります。生涯学習や生涯教育と言われるように、現代社会では至る所であらゆる年齢の人を対象に教育が行われています。

学生　勉強が好きな人はいいですが、私のような怠け者にとっては苦労の多い社会です。

先生　私が考える教育は、少し違っていて、人類が誕生してから続いてきた文化の伝承を指しています。人は、個体としては他の動物と比べて決して強い生命体ではありません。人はライオンのように強い肉体もなければ、鷲のように空を飛ぶこともできません。なのに、人間は700万年にわたって生き延びてきました。それは、人は、周りの人と、あるいは世代を超えて、知識や技能など大切なことを伝え合うことによってです。誰かが体験したことを、みんなの共有財産にして、危険を避け、生存を確保してきました。

学生　文化の伝承って何ですか？

先生　伝承される文化とは、まず道具と動作でしょう。人類が数百万年にわたって生き延びてきた間、生きるための術《すべ》を磨き、それを次の世代へ伝承していきました。食物を捕獲する術や危険を避ける術、寒暖から身を守る術……、それらのうちいくつかの術は、道具という形あるものとして存在するようになりました。道具はそれを扱うにふさわしい動作を人間に求めます。刃物は切る動作を求めますし、槌《つち》は叩く動作を求めます。簡単な動作は上手な人を模倣することで習得できます。一緒に生活するだけで、大人から子どもへの伝承も自然に行われていったことでしょう。火おこしなどになると動作も複雑です。木を選んで加工し、キリモミのようにして火をおこすまで一連の動作を習得しなければなりません。同じ火おこしでも、氷を使う場合は、氷をまず虫眼鏡のレンズのように加工し、光を通して干し草に当てることになるので、多少とも理屈が必要になります。こうした道具と動作の伝承は、人類の存続に必要不可欠でした。

学生　それなら、高校生の頃、歴史の授業で習ったことがあります。労働を通じて、手が発達し、脳が発達し、言語が誕生するのでしょう。

先生　人間同士のコミュニケーションは、言語という形あるものによって円滑に行われるようになりました。言語は単語1つとっても思考をともないます。たとえば、あるものを「刃物」と呼ぶとき、それが石であろうと木であろうと鉄であろうと、鋭い切れ味があるかどうかによってものを分類していることになります。つまり、それが「刃物」の一種であるという一般化をし、鋭利であるという特徴を抽出するというものの本質把握をするわけです。また、言語は現前しないものを表象する装置でもあります。目の前に刃物がないときでも、「刃物」という言語によって表象を継続させ、刃物を探したりつくったりすることを可能にします。さらに、どうしようもない自然の驚異を前にして、「神の怒り」を想像し、それを沈めるための集団的な祈祷を生み出します。あるいは、示唆に富む物語として伝承していきます。言語による伝承は文化の伝承を飛躍させました。

学生　道具と言語は一緒に発展してきたのですか？

先生　道具にしても言語にしても、長い間それは人間のからだの延長でした。手の延長として刃物をつくり、手よりも裁断可能性を拡大しました。言語も身振りや表情をともなう直接的なコミュニケーションの手段でしたが、音声の分化により伝達力を拡大しました。やがて、文字の出現により、個人のからだを越え、はるか遠方の人にもまだ生まれていない次世代の人へも、伝達が可能になりました。

学生　限られた数の道具や言語の伝承だったら、学校などなくてもできそうですね。むしろ、大人たちの仕事ぶりをみて模倣した方が簡単ではありませんか？

先生　ところが、近代社会はとてつもない革新を引き起こしました。人間のからだという自然とは似ても似つかない機械をつくり出し、社会の生産力を飛躍的に高め、地球の資源を食い尽くす危機に至っています。また、はじめは人間の発声器官に依存していた言語は、電気的な記号体系へ様変わりし、コンピューターを通じて巨大化した機械をも操作するようになりました。

学生　そうなると学習すべきことも増えるというわけですね。

先生　こうした発展――道具から機械へ、言語から記号へ――により、教育の有り様も大きく変化することになりました。近代以前では、生活と労働、子育てと教育は一体化していましたが、近代以降は、効率的な労働の場として工場、効率的な教育の場として学校が、生活や子育てから分離していきました。これを発達の側から捉えると、社会性や身体性が失われ、個人的能力の発達や記号的な学習が目指されるようになったということになります。

学生　効率化には何か問題があるのですか？　私はアルバイト先で「効率よく仕事をしてください」とよく言われます。むしろ、効率的にできるようになることが発達だと思っていました。

先生　人は効率化を目指して発達してきたわけではありません。乳児は気持ちのよいとき、嬉しいとき、からだ全体でその感情を親に表現します。誰もいない部屋で、笑顔の記号が書かれたカードを示すことで表現するわけではありません。幼児がスプーンや箸を使って食事をするときには、親が手を添え、失敗すると一緒に残念がり、できたときは一緒に喜び、学習します。からだと社会は、子どもの発達に深く根を下ろしています。ところが、児童期ともなると効率的な学習が求められ、身体性や社会性からの断絶が起こっています。ここに、「発達の危機」をみるのは、飛躍でしょうか？

学生　ということは、心理学は必ずしも効率化を目指しているわけではないのでしょうか？

先生　役に立つということが効率化だけを意味するとしたら、心理学は役に立たないことを誇りに思うべきです。

学生　先生は変わっていますね。今どき役に立たないことを誇りに思う人なんていません。

先生　あなたは、1000点サッカーという遊びをご存じですか？　これは、最近出版された『子どもの発達と学童保育』という本のなかで、指導員の中根大佑さんが紹介している遊びです(1)。

学生　そんな遊びがあったのですか？

先生　普通子どもたちがサッカー遊びをすると、ボール扱いがうまく、シュートに秀でた子どもにボールが集まり、「下手な子ども」は面白くありません。異年齢で一緒に遊ぼうとすると1年生は面白くないし、男女で入り混じって遊ぼうとすると女子が面白くないということが起こりがちです。もちろん、低学年や女子でもスポーツクラブに通って技能を身に付けるという考え方もありますが、遊びは特別な技能をもたない子どもでも参加できるところに良さがあるのに、能力を付けた者しか参加できないとすると、遊びとしてはふさわしくありません。また、高学年の子どもや力のある男子に配慮を求める（たとえば、サッカーが下手な子どもにボールを回してあげるように）という考え方もありますが、これでは上手な子どもがつまらなくなります。

1000点サッカーのすごいのは、シュートした人によって得点を変えることができるところです。1年生がシュートしたら10点にするとか、100点にするとか、子ども同士の相談で決めることができるのです（もちろん、最初のルールは中根さんが持ち込んだのですが、後には子ども同士で相談の上、決めていくようになります）。となると、勝つためには、1年生を自分のチームに引き入れなくてはなりません。もし、女子がシュートしてゴールを決めたら1000点となれば、これはもう女子を引っ張り込まなくては勝ち目がありません。

学生　それは楽しそうですが、今までの話とどうつながるのでしょうか？

先生　こうしたルールの導入によって、サッカー遊びがダイナミックに変化しました。私は、こうした遊びを経験できた子どもたちはとても幸運だと思います。この経験の意味は大変大きいのです。自分たちが少しルールを変えることによって、大勢の子どもたちが一緒に真剣に楽しく遊ぶことができるという事実を経験したのですから。

学生　効率化ではなく、もっと他のところに価値を見出すべきだということでしょうか?

先生　いま大学生が就活に血眼になり、幾度も挫折を味わい、さらに正規職員として採用されずに彷徨っている現実が、目の前に展開しています。しかし、1000点サッカーのように少しルールを変えるだけで、みんなが一緒に働くことができるかもしれないのです。少なくとも、そう想像したり思考したりすることが、1000点サッカーを経験した子どもには可能ではないでしょうか。これからの人生に立ち向かっていく上で、大事なヒントを与えてくれているのではないでしょうか。

学生　自分の能力を高めることだけに専念するのではなく、もっと広い視野をもてということでしょうか?

先生　価値観の問題ではありません。発達の事実をどう見るかという問題です。

学生　子どもの発達が効率化に向かっているのではないとしたら、何に向かっているのですか?　社会も効率化を目指していないということですか?

先生　あなたは効率よくケーキを食べたいですか?

学生　そんなこと滅相もない。ケーキを食べるときは、この幸せな時間がいつまでも続くようにとお祈りしながら食べています。効率を求めるのは胃の消化の方ですが、こちらには自信があるので何個いただいても大丈夫です。

先生　人生も同じではありませんか？　あなたは人生を効率よく生きていきたいですか？

学生　ケーキをじっくり味わいながら生きていきたいです。

先生　研究や勉強はどうでしょうか？

学生　そちらはどちらかというと効率よくやって、さっさと終わりたい気分です。先生のように気長に味わうというふうにはなれません。

先生　いや、私も効率よくやりたいと思うときはよくあります。試験の採点もそうだし、データの入力も早く済ませたいし。

学生　先生も葛藤するときがあるのですね。

先生　サッカーではシュートを決めるというのは遊びの醍醐味です。シュートの成功は一度味わったら忘れられない快感をともないます。だから、自分がシュートしたい、自らの足でボールをゴールに蹴り込みたいというのは自然な気持ちです。得点シーンを思い浮かべるからこそ、子どもは辛くても頑張って走り続けます。これに対して、チームが勝つことこそサッカー遊びの醍醐味だとわかっている子どももいます。その子どもは、自己犠牲してボールをシュート得点の高い味方にパスし、その子に最後のゴールを任せます。

学生　わかりました。子ども同士の対立があるということは、１人の子どものなかでも対立というか、葛藤があるということですね。

先生　察しがいいですね。

学生　だから察しはもともといいのです。

先生　発達的に考えると、自分で得点することのみを目指す子どもとチームの勝利を目指す子どもとでは、発達段階の対立があります。「オレニケラセロ」と「〇〇ニパスシロ」とで、言い合いになることもあるでしょう。両者は対立していますが、実は相手方の言い分を多少なりとも気づいています。「オレニケラセロ」という子どもも、別の子にゴールさせた方が高得点になることを知っています。「〇〇ニパスシロ」という子どもも、自分で蹴り込む快感を知らないわけではありません。それぞれ、自己のなかに他者を取り込んでいるといってよいでしょう。だからこそ、私は、こうした対立が集団遊びのなかで明らかになることは、発達上、大変意義深いことだと思っています。個人のなかではあいまいで混沌としている事柄が、集団のなかでは人と人との対立として明確になり、そのことを通じて自己分析が可能になり多面的な自己理解につながっていくのではないでしょうか。

学生　遊びにも発達的な意味があるのですね。

先生　遊びは、教育と無関係ではありません。むしろ、学ぶ価値のあることに満ちあふれていると言えます。遊びは子どもの人生に深い教育的影響を与えているかもしれません。

学生　そうですよね。私は真面目に勉強しすぎている気がしてきました。もっと遊んで、もっとケーキを食べて、人生を楽しまなければいけませんね。

注

（1）田丸敏高・河崎道夫・浜谷直人編著　子どもの発達と学童保育――子ども理解・遊び・気になる子　福村出版　２０１１

第15章　子どもの発達と人格

今日で1学期が終わり、来週から時間割が変わるので、しずくさんが山戸先生を訪ねるのも今回が最後です。しずくさんは手づくりケーキの差し入れをもって研究室にやってきます。話は、「ちびまる子ちゃん」や「罪と罰」など予期せぬ方向に展開しますが、ついに山戸先生が考えている発達段階を知ることになります。子どもにとっての発達段階は、役者にとっての舞台の交替のようなもの？

学生　きょうは差し入れをもってきました。どうぞ。

先生　めずらしいですね。

学生　そんなにめずらしいものではありません。普通の手づくりケーキです。

先生　いや、めずらしいのはケーキではなくて、あなたの行動というか心遣いというか。

学生　感動しましたか？　毒は入っていないので、ご安心を。

先生　今日は敬老の日ではないですよね。

学生　敬老の日でもバレンタインデーでもありません。私の心根の優しさに気づいてもらえればそれでいいのです。味はいかがですか？
先生　美味しいです。
学生　よかった！　先輩に喜んでもらえる可能性大だ。
先生　何か言いましたか？
学生　それはこちらの話で、先生は黙って食べてくだされればいいですよ。
先生　あなたは人格者になりましたね。
学生　いつもより褒めことばがワンランクアップですね。やはり先生は美味しい食べ物に弱いようで。ところで、ジンカクシャって何ですか？
先生　人格的な人という意味ですが、人格という漢字が浮かびませんか？
学生　漢字はわからないでもないですが、普段使わないことばなので、私にはやはり意味不明です。
先生　謙虚になりましたね。ごまかさずにわからないことはわからないという、素晴らしいことです。それも人格の一部です。
学生　今まで「わからない」と言って褒められたことはなかったので、動揺します。でも、いつでもどこでも正直に「わからない」と言えるわけではありません。先生なら何を言っても大丈夫だから安心です。

先生　「一人の百歩より、百人の一歩」とよく言われます。個人で成し遂げられることには限りがあるので、何事も1人で実現しようとするのではなく、みんなで力を合わせて実現しましょうということでしょうか？　そのためには、周りに人を集めて、信頼関係を創り出し、協力を生み出す能力が必要です。これが、人格の内実です。

学生　それで、どうして私が人格者になったのでしょうか？

先生　信頼できる人を引き寄せる力があるからです。言い換えると、食べるのが好きな人を巻き込む力があるということです。

学生　そこは、言い換えないでもらいたいです。

先生　それから、人は生まれながらにして人格であるとは言えません。やはり、生まれてから人格になるのでしょう。

学生　ここでも発達の話が登場するのですか？

先生　当然です。

学生　ということは、人格の発達にも発達の段階や発達の危機があるということでしょうか？

先生　発達段階を英語表記すると「developmental stage」です。発達段階は文字通り発達のステージ（舞台）です。比喩的に言えば、役者がステージ（舞台）に応じて演技せざるをえないように、子どもも発達のステージ（段階）に応じて行動せざるをえません。ステージ（段階）は感情や認識といった個別領域にとどまらず、発達の全領域を規定します。子どもの全体を人格と呼ぶならば、発達段階は人格に影響することになります。

学生　「発達の段階」と言われると、段階の漢字を反対にした階段を連想します。重たい荷物を背負って階段を登るのは結構辛いので、発達のエスカレーターとかエレベーターとかあればいいのになあと思ってしまいます。

先生　階段を「ステップ」と読み違えて、順々に一段ずつ登って行くようなイメージを抱いてしまっては、子どもの心理の複雑さも面白さも見えなくなってしまいます。残るのは、階段（ステップ）をただただ登らされていく辛さだけになります。息つく間もなく「階段を登らされている」のはいまの大人の姿で、それを子どもに投影して自身の影を子どもに見出しても、子どもの姿は見えてきません。

学生　では、段階をステージと読むときは、どんなイメージが描かれるのですか？

先生　役者が小さな小屋のステージ（舞台）から出発し、演技力を磨きながら、次第に大きなステージ（舞台）で演技できるようになり、さらに大ホールのステージ（舞台）でも縦横無尽に演技力を発揮するように成長していく様は、子どもが発達のステージ（段階）を交替させながら諸能力を向上させていく過程と似ています。

また、大ホールの主役として演技することが認められた役者も、ときには小ホールで、ときには原点とも言える小屋で演技してみたくなるのも、子どもが発達の段階を行きつ戻りつ発達する様によく似ています。新しい舞台で演じるようになったからといって古い舞台の意義がなくなるわけではありません。同様に、新しい発達段階を迎えたからといって、古い発達段階がなくなるわけではありません。大人になっても、発達段階はそれぞれ固有の意義をもっていて、それが芸術的創造に結びつくこともあるし、科学的発見のヒントになることさえあります。

学生 それならば、どのステージも面白そうですね。

先生 発達段階を認めると、さまざまな発達の領域間に関連が見えてきます。感情の発達と認識の発達との間にも、認識の発達と人格の発達との間にも関連があることがわかります。喜怒哀楽の感情は小さな子どもの方が豊かかもしれませんが、悲哀や憂鬱となると人生の辛酸をある程度なめてきた大人にして初めてわかる感情でしょう。

学生 では、私にはまだ悲哀や憂鬱はわからないというのですか? 私もそれなりに辛いことを乗り越え、生きてきたつもりです。

先生 食べる時間を惜しんでレポートを書いたとか?

学生 それだけなら想定内のことです。試験でしくじって成績が「不可」とされ、その先生の授業を再履修しなければならなくなってしまったときなど、辛くて悔しくてたまりません。

先生 そういうときはどうするのですか?

学生　返却された答案を思いきり破り捨てます。
先生　採点が間違っていないか確かめなくていいのですか？
学生　私は察しがいいだけあってあきらめもいいのです。試験は思い出したくないので、それは置いておくとして、大変なのはそれだけではありません。先生はご存じないでしょうが、女子の社会は結構厳しいんですよ。ＬＩＮＥの連絡に返事するのを忘れたりすると、無視したのかと思われたりしないかと心配になります。それに親に迷惑をかけないようにとアルバイトもしなければなりません。節約の日々です。
先生　なるほど。
学生　だけど、悲哀や憂鬱の感情と言われてもピンとこないのは確かです。そうした感情って、顔に出るものなのですか？
先生　ケーキを食べて嬉しいときは、どんな表情になりますか？
学生　にんまりと口元を中心に笑顔になります。
先生　それでは、赤ちゃんを抱っこして優しい気持ちになったときは？
学生　目元ではないでしょうか？
先生　じゃ、悲哀や憂鬱は顔のどこに現れるのでしょうか？
学生　口と目の間で、鼻ではありませんか？

先生　奇抜な発想ですが、鼻ではありません。もちろん耳でもありません。

学生　どこなんでしょう？

先生　額だそうです。

学生　先生は額が広くていいですね。私たちは髪の毛で隠れてしまうもので。

先生　別に悲哀や憂鬱の感情を示すために広くなったわけではありませんが、ポジティブに考えると広い額も役に立ちますね。うらやましいですか？

学生　まだ悲哀や憂鬱を味わえなくても構いません。ずっと先の年齢でよろしいです。

先生　「わび」や「さび」の世界となるとある時代にかかわる認識抜きには考えにくいと思います。こうした感情の知性化は、感情機能と認識機能との間の機能連関による発達の一例として理解できます。

学生　まだ先があるのですか？

先生　発達には限りがありません。認識や感情の機能連関は、発達段階を土台にして起こります。ちょうど照明や大道具、小道具などが、舞台のなかで位置づけられるように、心理機能も発達段階によって位置づけられます。いくら高額の照明器具をもち込んだとしても、舞台に合わない限り使い物になりません。競争によって個人の知能開発のみを急ぐような教育は、一瞬成功したかのように見えるときはあっても、結局徒労に終わります。

学生　ステージとしての発達段階という発想は重要な意味があるのですね。すると、人格というのは、いろいろな舞台に立つ役者みたいですか？

先生　そう言えます。

学生　それでは、児童期の人格は子役ということになりますが、子役の舞台つまり児童期の発達段階はどのように理解したらよいのでしょうか？

先生　児童期はカテゴリー的思考が発達し始める時期です。「雨は水だ」「雪は水だ」「湯気は水だ」と発見し、水には多様な姿があることを理解します。また、このことは同時に「水は形が変わっても水だ」と、水のさまざまな姿にかかわらず同じ水であることを理解することです。物事の「多様性」と「同一性」との関係に気づくことは、カテゴリー的思考の始まりです。

学生　それは、思考の発達段階ですね。

先生　同じ頃、友だちにもいろいろな人がいることがわかります。テレビアニメ「ちびまる子ちゃん」には小学校3年生が大勢出てきますが、気の強い子どもや気の弱い子ども、意地悪な子どもや優しい子ども、さまざまな子どもが出てきます。美男美女は数少なくどの子も個性的で面白い顔をしています。小学校3年生頃の対人認識をよく表しています。しかし、このことを通じて、自分自身のなかにもいろいろな側面があることを発見します。気が強くなったり弱くなったり、意地悪になったり優しくなったりする自己に気づくわけです。そして、いろいろな側面があるけれども、やはり1人の個性として自己認識することになります。こうして、「カテゴリー的思考」と「多面的パーソナリティ」とは補い合って発達します。

学生　「ちびまる子ちゃん」は面白いです。私は笹山さんタイプですが、野口さんにも惹かれます。

先生　あなたの内には、もっと他のタイプが潜んでいるように思いますが、その話は置いておきましょう。

学生　先生の内にもありませんか、いろいろなタイプが？

先生　それも置いておいて、児童期の事実は「発達段階」に位置づけるとよく理解できます。もちろん、認識の面でも人格の面でも、「多様性」と「同一性」との対立は存続するので、子どもに葛藤が生じることは避けられません。こうした葛藤を維持できるかどうか、「発達の危機」でもあるのです。対立を断ち切ってしまい、「多様性」だけ認めれば、「物にも人にもいろいろあるさ」という諦めに通じます。「同一性」しか認めなければ、物や人の多面的な有り様を拒絶することになります。

学生　言い方は難しいけれど、要するに児童期は認識も人格も多様になり、その多様性が友だちのなかで大いに発揮されるということでいいですか？　それは、青年期とはどう違うのでしょうか？

先生　次の思春期・青年期の発達段階を迎えると、「多様性」と「同一性」との関係は、「現象」と「本質」との関係に変わります。炎を上げて燃えさかる様子はまさに「燃焼」です。一方、「錆」には熱も光も見られません。外見的にはまったく違う2つの事象が「酸化」から生じているということを、科学は発見しました。これが「現象」と「本質」との関係です。似ていないものが同じであったり、似ているものが違っていたり、「現象」のなかに「本質」を探っていくところに、科学的研究の面白さがあります。

学生　その話は前にも聞いたことがあります。

先生　人格においても同様なことがあります。傲慢《ごうまん》と卑屈《ひくつ》とは正反対で似たところはないようです。しかし、部下や弱者に対して傲慢であり、上司や強者に対して卑屈であれば、これを1つの人格として理解することはたやすいでしょう。傲慢さや卑屈さは単なる多面性ではなく、1つの人格的本質、たとえば権威主義からもたらされている「現象」として理解できます。

学生　やはり青年期になると、深みが出てきます。

先生　児童期に形成された多面的人格に対して、青年は「本質」を求めます。「私とは何か」「人間とは何か」「生きるとは何か」等々を求めて彷徨います。それが可能なのは、「現象」を通して「本質」を見抜く認識の力が備わってきたからです。青年は、建前よりも本音に、偽善よりも露悪《ろあく》に興味をもつようになります。うわべだけを取り繕っているように見える大人社会に対して批判的になるのも当然でしょう。しかし、その返す刀で自分を傷つけずにはいられません。自由を求めながら、受験勉強に拘束されている自己の姿は惨めでしょう。戦争や災害を目のあたりにしながら、何もできない自己は情けないことでしょう。

学生　青年期って、ほろ苦くて格好いいですね。でも、青年期の私の実感としては、もっとあいまいだし、あまり本質について考えることもないし、ケーキの選択も見かけに振り回されるし、素敵だなと思う人も日ごとに替わるし、迷ってばかりいるし……。

先生　あなたの青年期は永遠に続きそうですね。青年はいつも青年の特徴を前面に出して生きているわけではありません。おにぎりを前にして小学生と間違えられたように、バーゲンではおばさま方に混じって奮戦するように、まっ、いろいろな面を表しているのではありませんか？

学生　そう言ってくださると安心します。なんだかんだ言っても、若さがあり健康で賢明で美しい時期ということで。これでお金がもう少しあるともっと安心なのですが。

先生　あなたを見ていると、人は食欲だけで何とかなるという気がします。

学生　それは非道いです。さっきは私のことを、察しがいいと感心していたではありませんか？

先生　あなたの話は置いておいて、「現象」と「本質」との関係について追求する姿勢は、思春期・青年期の発達段階において本格化します。その際、科学の学習と自治の経験とは欠くことのできない条件でしょう。科学的認識あるいは民主的人格というのは、大人になるための目標や課題を与えてくれます。しかし、そこに至る道は平坦ではありません。

学生　置いておかれてばかりで不満は残りますが、大人への道が平坦でないことは認めます。

先生　あなたは、「ちびまる子ちゃん」と「罪と罰」とはどちらが好きですか？ 前者は大らかで楽しい世界、後者は暗くて辛い世界と考えることもできます。それと反対に、前者は表面的で薄い世界、後者は人間性追求の深い世界と考えることもできます。いずれにしても、前者は児童期真っ盛りを描いていますし、後者は青年期特有の深刻さを描いています。

学生　また、唐突な話ですか？「ちびまる子ちゃん」はよく知っていますが、「罪と罰」ってどんな話でしたか？

先生　青年ラスコーリニコフが金貸しばあさんを殺してしまい、そして悩む話です。価値なき者は抹殺しても構わないのかと。

学生　深刻ですね。

先生　では、もしまる子ちゃんが「罪と罰」を読んだらどうなるでしょうか。個々の場面や登場人物については想像力を働かせ、とんでもない金貸しばあさんや殺人鬼ラスコーリニコフを思い浮かべてしまい、勝手に笑ったり怖がったりしそうです。しかし、全体のテーマを考えさせようとするならば、逃げ出してしまうか眠りこけてしまうかしそうです。ヒューマニズムということばを聞きつけて、食いしん坊の小杉が「それ、うまいのか」と口を挟みそうですね。

学生　ヒューマニズムというお菓子があるのですか？

先生　あなたの内には、「笹山さん」より「小杉」が潜んでいるようですね。

学生　美味しい物を美味しいと感じて食べるというのは、とても人間的です。それを否定すると、先生はヒューマニズムに悖《もと》ることになりますよ。

先生　私も美味しい物は大賛成で、それこそヒューマニズムそのものだと思います。あなたはヒューマニズムそのものです。

学生　そういうことならば許してあげましょう。

先生　学校教育では小学校4年生頃から抽象的思考を求める課題が入ってきます。「3分の1」と聞いて、りんご3分の1個、みかん3分の1個、水3分の1リットルというように、具体物を思い浮かべる方向に思考するのは具体的思考です。これに対して、特定の事物にかかわらず、3分の1に共通することを考えるのが抽象的思考です。分数の加減ならば、具体物で解答することも可能でしょうが、分数の乗除となるとそれは難しいでしょう。3分の1を掛けるとか、3分の1で割るといったことを考えてみてください。一旦具体物から離れて、数量的な操作をすることが必要になるでしょう。

学生　そういう分数で割るとか、私は苦手でした。

先生　これは、言ってみれば、少し言い過ぎかもしれませんが、まる子ちゃんに「罪と罰」について考えさせようとするような課題です。そして、具体的思考が得意な子どもの心のなかでは間違いなく葛藤が生じます。「わからない」という子どもの悲鳴が聞こえてきそうですね。「わからない」は、何も勉強のなかでのみ起きることではありません。生活や遊びのなかでも「わからない」ことは次々に現れます。

学生　確かに、「わからない」というのはいつも感じていました。今でも継続中です。でも、まっいいか、ということで済ませてきました。

先生　しかし、「わからない」という経験抜きに、子どもは発達していくことができません。「わからない」ときどうしたらいいのか、「わからない」をどう味わうのか、「わからない」をどのように共有するのか――ここは知恵の見せ所です。

学生　私は「わからない」をたっぷり経験してきたので、そろそろ卒業というわけにはいかないでしょうか？　いかないでしょうね、心理学もわからないだらけで、発達というのもよくわからないし、先生と話していると「わからない」が増えるばかりだし、それでも結構楽しめるようになってきたから、まっ、いいか。

結びの章

学生　最近、本の読み方が変わってきました。
先生　素晴らしいですね。
学生　まだ、本の読み方がどう変わったか、中身の話をしていませんよ。
先生　本を読むようになったということだけでも素晴らしい。
学生　それだけで感激されるのですか？　あまり喜べない気分です。
先生　それで、最近読んだ本って何ですか？
学生　一番最近ですか？　言わなければいけないですか？
先生　人に言えないような本を読んだのですか？
学生　私、そんないやらしい本は読まないですよ。
先生　誰もいやらしい本だなんて、そんなことは言っていませんが。
学生　まっ、それは先生の失言ということで忘れていただいて、先月先輩から本をもらいました。「これもう要らないから」って言われて本を渡されました。「でも、ただじゃ気が済まないだろうから、100円にしとくよ」と。「別に気が済むのでただの方がいいです」と言いかけたのですが、勢い余って「買います」と答えてしまい、いまさら10円に負けてくださいとも言えず、お金を払ってしまいした。100円も払ったのだから少しは読もうかなと思ったところ、大発見。何だと思いますか？

先生　洋書だったとか？

学生　それよりびっくり、著者の名前が先生の名前と同じなのです。しかも本のタイトルが『子どもの発達』と書いてあって、先生と瓜2つの人がいるものですね。読んでいると、ついつい先生の顔が浮かんできて、先生とお話ししているような気分になってきました。

先生　あなたは私とは別人が書いた本と思いつつ、読んでいると私の顔が浮かんできたということでしょうか？

学生　そうですが、何か間違っていることがありますか？　ひょっとして、先生が書いた本だったのですか？

先生　あなたは察しがいいですね。

学生　だから察しはもともといいのです……。もしかしてそれ皮肉ですか？

先生　いや、本を読んだ成果だと思いますよ。

学生　これまで、とくに受験勉強のときは、本と言えば参考書で、書かれている内容を要約して覚えることに専念していました。気持ちはいつも追い詰められた状態で、効率よく頭に詰め込むことに努力してきました。勉強は、「強《し》いて勉《つと》める」という字にぴったりでした。大学に入ってからも結構覚えることがたくさんあって、勉強への苦手意識は高まるばかりだし、こんなことやっていていいのだろうかという気持ちになっていたし、でも免許や資格は取らないわけにはいかないし、大学生らしいなと思えるのは、アルバイトとサークルのときくらいでした。

先生 学生生活を十分楽しめなかったわけですね。

学生 先生と話すようになって気づいたのですが、「人と話すこと」と「本を読むこと」は似ていますね。人と話していると、話題が広がっていったり、深く考えるようになったりしますが、本を読んでいるときも同じです。

先生 その意味では、「人に伝えること」と「本を書くこと」は似ています。誰かに向かって話していると、そして聞き手がいいと、話題が広がったり、深く掘り下げていくようになったりします。本を書いているときも同じです。

学生 ということは、人とよく話すことが本を読んだり書いたりすることにつながっていくということですか?

先生 そうですね。また、その逆に本を読むことによって人との話も豊富になると思います。

学生 なるほど。それで、ケーキにも重要な役割があるということがわかりました。

先生 ここで、ケーキが登場ですか? 唐突な話のようですが。

学生 先生に唐突と言ってもらえて光栄です。本を読むときも、人と話すときも、ケーキがあると幸せになれるじゃないですか? 本だけにほんとの話です。

おわりに

山戸先生としずくさん。もうおわかりでしょうか？　2人の名前はこの本に登場する絵本を暗示しています。

何かを伝えるということは、一方が話し続け、一方が聞き続けるような一方的なことではありません。双方が、自身のことばを大切にし、自身のことばにこだわりをもちながら、話し合うことで知識の伝達が可能になります。そのときは知識の伝達というより知識の分かち合いといった方が的を射ているかもしれません。

時間に急かされると、私たちはつい効率を求めがちになります。しかし、効率を求めた先に教育も研究もありません。互いを尊重しつつ、多面的な検討を重ねつつ真理を求めていくところに、教育や研究の本来の姿があるのではないでしょうか？

本書では、2人の人物が出会い、向き合い、話し合いを進めていきます。テーマは「子どもの発達」ですが、2人の脱線を大いに楽しんでいただけたとしたら幸いです。

本書の執筆にあたっては、これまでかかわりのあった多くの人たちからヒントを得ています。一人ひとり名前を挙げることはできませんが、心より感謝申し上げます。

おわりに

２０１１年4月から２０１２年3月にかけて「日本の学童ほいく」誌に「子どもの発達を学ぶ」というテーマで連載の執筆をしました。本書にはその内容がかなり含まれています。連載の際、担当の大前朋子さんから「読んでもらえる基本」について教えていただきました。本書の出版にあたっては、対話形式という私にとって初めての試みに対して、福村出版社長の宮下基幸さんからあたたかい激励のことばをいただきました。同社の保科慎太郎さんには原稿について丁寧に校正等取り組んでいただきました。どうもありがとうございました。

また、福山市立大学の学生・院生のみなさんには、原稿を通読してもらい、読み手の立場から自由に（言いたい放題）指摘をしていただきました。３年生の津田侑香里さん、山口真菜実さん、４年生の高石鈴香さん、塚本友香さん、渡邊詩央里さん、大学院1年生の河野安咲菜さん、宮野宏子さん、大学院2年生の阿部孝秀さん、塩沢光江さんほかみなさん（学年は２０１６年6月現在）、どうもありがとうございました。

田丸　敏高

執筆者紹介

田丸 敏高（たまる・としたか）

1976年に東京大学教育学部を卒業後、同大学院博士課程に進学。1984年に鳥取大学教育学部に専任講師として赴任し、同助教授を経て、1993年より同教授。2011年より新設の福山市立大学教育学部教授（現在に至る）。

【主な著書】

『子どもの発達と社会認識』（京都・法政出版、1993年、単著）
『講座 幼児の生活と教育』（岩波書店、1994年、共著）
『発達段階を問う』（京都・法政出版、1996年、単著）
『子どもの社会的発達』（東京大学出版会、1997年、共著）
『思春期の自己形成――将来への不安のなかで』（ゆまに書房、2006年、共著）
『小学生の生活とこころの発達』（福村出版、2009年、共著）
『臨床発達心理学の基礎』（ミネルヴァ書房、2011年、共著）
『子どもの発達と学童保育――子ども理解・遊び・気になる子』（福村出版、2011年、共著）
『教師を支える研修読本――就学前教育から教員養成まで』（ナカニシヤ出版、2014年、共著）
『放課後児童支援員都道府県認定資格研修教材――認定資格研修のポイントと講義概要』（中央法規、2015年、共著）

発達心理学のこころを学ぶ
－心理学入門〈対話篇〉－

2016年10月15日　初版第1刷発行

著　者　　田丸 敏高
発行者　　石井 昭男
発行所　　福村出版株式会社
〒113-0034　東京都文京区湯島2-14-11
電話　03-5812-9702　FAX　03-5812-9705
http://www.fukumura.co.jp
印刷・製本　シナノ印刷株式会社

Printed in Japan
ISBN978-4-571-23056-1
乱丁本・落丁本はお取替え致します。
定価はカバーに表示してあります。